The Modern Firm
*Organizational Design for
Performance and Growth*

当 代 世 界 学 术 名 著

现代企业
基于绩效与增长的组织设计

约翰·罗伯茨（John Roberts）/著
马志英/译

中国人民大学出版社
·北京·

"当代世界学术名著"
出版说明

中国人民大学是一所以人文社会科学为主的综合性研究型全国重点大学。在长期的办学实践中,学校始终把出版学术精品力作为一项重要使命。近年来,学校围绕建设"世界一流大学和一流学科"的目标,更加注重对国内外学术经典的翻译介绍,积极加强与国内外知名院校、学术研究机构和出版机构的合作。本套"当代世界学术名著"系列,即是中国人民大学出版社响应学校工作部署,与世界知名学术出版机构合作的最新成果。

中国人民大学出版社长期以来致力于打造国内改革发展和学术研究高水平成果的出版平台。已出版的"当代世界学术名著"、"工商管理经典译丛"等系列,受到学界和读者的欢迎,并成为许多高校相关学科指定的教学参考书。为了进一步扩大引进原版图书的范围,更好地满足读者需要,我们策划了"当代世界学术名著"这一系列。"名著",一般指具有较高学术价值、在各学科领域内有重要影响、为学术研究人员所公认的经典著作。但我们这里所说的"名著",不仅包括传统意义上已有定评的经典著作,也包括近年来在相关学科领域中产生重要影响、体现学术前沿的优秀著作。

由于本套书涉及的学科范围广泛,未免存在疏漏和缺憾。在引进选择上,我们力求做到主题新颖、内容经典和翻译精良。作为出版者,我们衷心希望所出版的这套书,能对广大读者了解国外学术进展和研究动态有所助益,欢迎读者反馈意见。

中国人民大学出版社

前　言

　　总经理们最为基本的职责乃是设定战略并设计组织以执行战略。在过去的几十年中，经济学对于战略研究与实践的巨大价值日益凸显。本书试图向大家表明，在组织设计领域，经济学也能以类似的方式做出类似的贡献。

　　我希望实践中的管理者能从本书中受益。然而，这并非一本介绍"如何做"的书，书中没有为如何获取成功提供结论性的简单答案。相反，本书提供的是方法。在设计基于绩效和增长的企业结构时要面临各种难题，本书提供了思考这些难题的方法。本书试图做到这一点，即无论是组织与管理学的学生，还是已在工作的管理者，都能因理解组织经济学的基本原理及其在企业中的实际应用而获益。本书将以非专业的风格讲述和呈现基本概念与理论，将之与案例研究、简短的范例融合在一起并应用于组织设计问题。本书还尝试解释在实际中公司发生的巨大变革，这些变革创造了现代公司的全新模式。

本书是以1997年春季在牛津大学的课程讲义为基础，但我写这篇前言的时间已是2003年的夏天。显然，我花了相当长的时间补写我的讲义！然而，我相信这种延时应是值得的。在此期间，在如何设计有效的组织方面的研究有了很多进展，我个人也学到了很多。因此，本书的内容和之前的构思有很大的差别。例如，原来只有3节的讲义变成了7章的内容。增加了新理论和以前不可能有的大量实践案例。

我需要感谢很多人。首先，对于受邀成为"克拉伦登管理学讲座"（Clarendon Lectures in Management Studies）的首位讲师我深感荣幸，感谢牛津大学管理学院和牛津大学出版社的科林·梅耶（Collin Mayer）。其次，我在组织领域所做的所有研究几乎都是集体合作的成果，我深深感谢每一位曾同我一起思考、教学、写作的同事。我从每个人那里学到了很多，其中需要特别感谢的是苏珊·阿希（Susan Athey）、乔纳森·戴伊（Jonathan Day）、本特·霍姆斯特龙（Bengt Holmström）、保罗·米尔格罗姆（Paul Milgrom）和乔伊·波多尼（Joel Podolny）。他们会从书中发现他们的观点，并了解到我从和他们的共事中获得了多么大的收益。斯坦福商学研究生院为组织研究和教学提供了无与伦比的环境，感谢学院的支持，感谢我的同事，感谢所有的博士生、MBA、斯隆项目研究生和职业经理人项目的学生，感谢他们对我的学习做出的巨大贡献。我还特别乐意向以下各位表达谢意：比尔·巴尼特（Bill Barnett）、戴夫·巴伦（Dave Baron）、吉姆·巴伦（Jim Baron）、罗伯特·伯格曼（Robert Burgelman）、凯瑟琳·多尼克（Katherine Doonik）、大卫·克莱珀斯（David Kreps）、艾德·拉齐尔（Ed Lazear）、约翰·麦克米兰（John McMillan）、查尔斯·奥赖利（Charles O'Reilly）、保罗·奥耶（Paul Oyer）、加思·萨洛那（Garth Saloner）、斯科特·沙佛（Scott Schaefer）、艾瑞克·冯·登·斯蒂恩（Eric Van den Steen）和鲍勃·威尔逊（Bob Wilson）。在撰写本书的过程中，我还曾在纳菲尔德大学（Nuffield College）和伦敦的麦肯锡公司度过一段时间，在此向这些机构及其成员表示感谢。我还想向那些我曾经拜访过的执行官、经理人表示感谢，特别是英国石油公司（BP）、通用汽车（General

Motor)、江森控制有限公司（Johnson Controls）、诺基亚（Nokia）、诺和诺德制药公司（Novo Nordisk）、索尼（Sony）和丰田（Toyota）的管理者们。我和其他人合写的关于这些公司的案例帮助我形成了自己的思路，而这是本书中很大一部分内容的基石。我在牛津大学出版社的编辑大卫·马森（David Musson）对我的拖沓显示了极大的耐心，谢谢你！（不过我在停止感到内疚这件事上可要更拖沓！）保罗·库姆斯（Paul Coombes）、约翰·麦克米兰（John McMillan）、安迪·勃梭维特（Andy Postlewaite）、理查德·萨乌马（Richard Saouma），特别是乔纳森·戴伊（Jonathan Day）阅读了手稿并提出了有价值的意见。爱伊卡·嘉亚（Ayca Kaya）提供了宝贵的研究支持，詹·史密斯（Jen Smith）则帮助我将手稿转成定稿。最后，还有我的妻子凯瑟琳·罗伯茨（Kathleen Roberts）用她一贯的优雅和幽默包容了这些年来我在这个项目上没完没了的拖延。谢谢你，凯茜！

目 录

第1章 战略与组织 …………………… (1)
    战略、组织和环境 ………………… (8)
    设计问题：设定战略和组织 ………… (12)
    战略变革与组织变革 ……………… (14)
    动荡环境中的战略和组织 ………… (16)

第2章 组织设计的关键概念 …………… (20)
    互补性 ………………………………… (22)
    非凸性与非凹性 ……………………… (32)
    紧密耦合和松散耦合 ……………… (41)

第3章 公司的本质与宗旨 ……………… (45)
    市场失灵的原因和本质 ……………… (48)
    公司与市场 …………………………… (53)

公司的本质 …………………………… (61)
　　合作和主动 …………………………… (63)

第4章　现代企业中的激励问题 ………… (70)
　　激励问题的原因和本质 ……………… (71)
　　简单代理理论 ………………………… (75)
　　绩效测量选择 ………………………… (80)
　　代理关系中的多重任务 ……………… (83)
　　团体绩效报酬 ………………………… (90)
　　操控绩效测量 ………………………… (91)
　　主观评估 ……………………………… (93)
　　名声 …………………………………… (94)
　　PARC 和激励 ………………………… (96)

第5章　为绩效进行组织 ………………… (106)
　　垂直范围 ……………………………… (112)
　　水平范围 ……………………………… (124)
　　内部组织和绩效 ……………………… (133)
　　整体系统 ……………………………… (138)

第6章　为增长和创新进行组织 ………… (141)
　　收购性增长 …………………………… (142)
　　在已有公司中的创新：探索
　　　和开发 ……………………………… (147)
　　多任务情况下的工作设计 …………… (155)

第7章　创建现代企业：对管理和领导
　　的挑战 ……………………………… (163)

参考文献 …………………………………… (167)

第1章 战略与组织

在20世纪的最初20年中，新泽西标准石油公司（Standard Oil of New Jersey）、杜邦（Dupont）、西尔斯罗巴克（Sears Roebuck）和通用汽车的管理者们发明了一种组织和管理企业的新方式。他们的创新，即如今十分普遍的分权式事业部制（multidivisional forms），带来了企业设计的根本性变革。最显而易见的变化是以产品或者地理位置为基础划分事业部，而不是采用职能式的组织结构。新的组织结构还涉及新的信息收集、记录系统，新的资源分配体系和新的行为控制系统。这一新的组织模式为日益复杂的协调与激励问题提供了高效的解决方案，在这些企业中，数量庞大的人员通常在不同的地点执行着复杂的、高度关联的任务。它催生了一批巨型的多产品企业并使得这些企业能够在某一大洲内,甚至是全球范围内有效运转。这一新设计也使得管理人员数量大幅增长,催生了职业经理人的价值观和行为规范。鉴于其影响,不仅仅是对经济活动的影响,还有对整个人类生活的影响,事业部制的组织结构堪称20世纪最重要的创新之一。[1]

然而,在过去的 20 年中,企业的组织结构又发生了一系列类似的根本性创新,这些创新终将是同样具有重大意义的。组织设计的所有元素尚未最后定型,管理者们仍在继续实验以求不断改进。不过,一些大的轮廓已经清晰了。企业改变了活动的范畴,重新聚焦于核心业务,并将许多之前视为核心的业务外包出去。这些变化体现在大量的合并、收购和资产分拆活动中,这些活动在 20 世纪 80 年代和 90 年代风靡一时,而且,这些活动目前可能又再次复苏了。许多企业还重新定义了它们与顾客、供应商的关系,用长期合作伙伴关系替代了之前简单的交易关系。它们减少了管理的层级;加强了员工职位之间的联系;重新定义了工作单位,在工作单位之内员工再进行内部分工;将职能部门的专家分散到各个业务单元;还增加了产品经理的职权和责任。通过上述措施,再加上改良的信息与测评系统、重新设计的绩效管理体系,这些企业加快了决策的速度,并且用以前从未尝试过的方法开发、利用员工的知识和能力。为了促进组织内的协作与学习,这些企业尝试着将不同部门的人员直接联系起来,如此一来沟通更多是横向进行的,而不仅仅是在组织层级内的上、下级之间。许多企业还尝试重新定义与员工之间的关系的性质,同时重新设计工作以及工作的性质。

这些变革旨在改善所在企业的绩效。日益增加的竞争压力迫使企业采纳这些变革,而新技术的出现首次使许多变革变得切实可行。信息技术(尤其是互联网)的出现,降低了国际贸易和投资的门槛,运输技术也在进步。这一切意味着企业的竞争对手不再是老牌的当地企业,竞争对手可能来自地球的任何角落。随着竞争的加剧,改善绩效的需求也在增加。当然这些发展也为企业创造了走出当地去更远的地方做生意的新机遇,而新的组织设计能够支持企业利用这些机遇。资本市场也增加了提升绩效的压力,尤其是在美国(不过其他地方的情况也相差无几),机构投资者的权力越来越大,他们也越来越愿意行使自己的权力,迫使企业有更优异的表现。在某些案例中,变革的目的则是为了应对人力资源市场日益激烈的竞争,越来越多的公司都在努力吸引并留住那些特别有才干和天分的人才。与此同时,通信与计算机技术的巨大进步使得许多关键性的组织与管理变革变得切实可行。

如果应用得当,这些组织创新的确能够产生更好的经济绩效,并对全世界人民的物质财富产生有益的影响。其次,它们从根本上改变了人们的工作方式和生活方式。最终,它们会对现代企业经营中的方方面面都产生影响。

不过,新组织模式中隐含的许多原则事实上并不是全新的,下面的例子能够说明这一点。

考虑两家从事服务行业(贸易)的企业:一家是历史悠久、曾长年垄断市场的哈德逊湾公司(Hudson Bay Company),该企业的领导者们无论是在政治上还是经济上都十分强大,它还受到连任政府的青睐;另一家是新成立的西北公司(North West Company),是突然冒出来的竞争对手,总部位于一个偏远的小镇,没有任何上述优势。这家企业的领导者都是移民和逃难者,也没有什么有权势的朋友。事实上可以说,西北公司试图与哈德逊湾公司展开竞争是违反了法律。而且,除了现有的顾客基础、商业经验、政治和法律优势之外,哈德逊湾公司还拥有极为优越的技术和更好的融资途径,结果哈德逊湾公司的成本估计只有竞争对手的一半。

然而,在进入该领域之后不久,西北公司就从竞争对手那里夺取了80%的市场份额,且盈利颇丰,把一度处于统治地位的垄断者逼入了破产的边缘。这一切究竟是如何发生的呢?

对于熟悉近来发生的企业变革的人来说,答案并没有什么令人惊讶的地方。西北公司发现了一种能够更好地服务客户的方式,它距离客户更近,能够更好地响应客户的不同需求,更好地应对时刻变化的市场状况。此外,该公司还进行了一系列组织创新:简化了供应商结构,减少了传统的中间商;减少了过多的官僚体制,并建立了新的系统,这一系统确保了有关信息在公司内部能够被广泛分享且所有的相关者能够参与并理解公司的决策。公司为运营职位招募了一批愿意承担责任、有创新精神的职员,并赋予他们根据自己的知识和才干进行决策的权力而无须与管理体系中的上级核对每一个细节。最后,公司还引入了鼓励创业行为的奖励机制。换言之,西北公司提出了一个新战略,并将人员、组织结构、管理流程和公司文化等方面落实到位以支持新战略。这些管理创新使其克服了显而易见的成本劣势。

哈德逊湾公司最初并没有把西北公司的挑战放在眼里。它认为自己的经营方式成功运行了这么多年，公司具有压倒性的优势。或许它没能看到西北公司的新战略和组织方式所提供的竞争优势。因此，它的反应显得十分迟缓，甚至在新来的竞争者已经抢走了大量的市场份额之后，老牌企业的领导者们仍然无所作为。对于熟悉近几十年中发生在不同企业的事情的人来说，这应该是一个看起来很眼熟的故事。

哈德逊湾公司最终还是对威胁做出了回应，而且是以复制西北公司新方法的方式。不过，这一切发生在公司的领导者被新人替换之后。新任领导者了解威胁的性质，并不固守曾经长期沿用且行之有效的旧方法。

西北公司一直很清楚，如果哈德逊湾公司复制自身以客户为导向的战略，并用符合新战略的管理方式替换原来的集权、命令－控制式的管理方式，那么，自身必然会因成本劣势而惨败。因此，西北公司力图先发制人，在哈德逊湾公司的新任领导者控制局面之前收购了哈德逊湾公司。然而，他们的行动失败了，最终哈德逊湾公司的确以巨大的成本优势战胜了西北公司。

结果，两家公司达成了联合的交易，但出于公共关系的考虑，宣称是进行了"合并"。不过1820年每一个加拿大人（还有那些远在英国关注事件进展的人）都知道，蒙特利尔的西北公司被胜利者——总部在伦敦的哈德逊湾公司给吞并了。或者更确切地说，被英格兰贸易公司（Company of Adventures of England Trading）及其董事给吞并到哈德逊湾公司。

作为加拿大境内领先的零售企业之一，哈德逊湾公司的经营一直延续到今天。该公司成立于1670年，公司得到了查尔斯二世的皇家特许，并受鲁伯特王子领导。哈德逊湾公司得到了从事陆地排水业务的专营权，负责把陆地的水排入巨大的哈德逊湾。这一垄断权覆盖了150万平方英里的土地，这个面积比英国的15倍还多，比2004年扩张前的欧盟面积大得多。当时，该地区并没有欧洲移民，还是一片人迹罕至，满是岩石、树木、沼泽的蛮荒之地（今天也差不多仍是如此！），居住在该地区的只有数量相对很少的原著民。该地区拥有数不清的动物皮毛，尤其是水獭，而欧洲对水獭皮的需求量相当高。

第 1 章 战略与组织

哈德逊湾公司对自己的特许权采取了一种非常被动的战略：它在海湾沿线建造了 6 座城堡，等待潜在的客户上门，用他们的皮毛交换欧洲制造的货物。商品由海船从英国经哈德逊湾运来，海船每年航行一次，回航的时候把当地的皮毛带回英国。（由于航运技术的限制，以及海湾在一年中的大部分时间都被冻得结结实实的这一现实，一年中不可能有更频繁的运输。）在接下来整整一个世纪，哈德逊湾坚持使用这一方法。在此期间，离哈德逊湾较远的原著部落间形成了贸易网络，他们会和那些离城堡较近的部落进行交易，后者再跟哈德逊湾交易。

这种做生意的方法谈不上大胆，但是考虑到当时的市场条件，还有 17—18 世纪的技术水平及其风险与机遇，这不失为一个明智的战略。而且，哈德逊湾确立了与这一战略非常匹配的组织体系，使得其战略可以极为有效地贯彻和落实。

关键决策集中在伦敦完成。这意味着决策过程极其缓慢，无法对当地的条件做出反应（特别是因为高级决策者中没有一人曾经立足于公司的领地，即鲁伯特地），但这也保证了连贯性和控制。而且，鉴于公司拥有不容挑战的受法律保护的垄断地位，一种被动的业务发展方法，一个不复杂、变化缓慢的市场，对快速决策没有什么显而易见的需要。在一定程度上，风险来自于当地的雇员，他们远离高层管理者的监管，有可能浪费利润，甚至更糟，把盈利据为己有。因此，为鲁伯特地的哈德逊湾挑选员工的标准是缺乏想象和忍受单调乏味工作的能力，而不是天赋、创造力和勤奋。这些员工要接受近似奴役契约的合同，有一整套详细的指令统治他们工作的方方面面（包括支付和收取的价格）。他们领取固定工资，被要求只能停留在公司城堡附近，违反任何规定都要受到体罚。

该制度看上去既粗暴又愚蠢，但是不得不承认它运转得非常不错：公司从一开始就非常赚钱，而且在它成立之后的整整 100 年里都依然如此。

然而，这个制度本质上存在缺乏效率的问题。它无法很好地开发利用机会来和那些远离海湾的人做生意，使得这部分人对欧洲商品的渴望（可能是从未想到的）无法得到满足，而他们在猎取食物的过程中收集的皮毛也未得到充分利用。通过那些居住在公司城堡和盛产皮毛的地区之间的中间商进行间接贸易，可以部分实现潜在的贸易收益。但是可以说，这个系统是没有效率的。认定其无效的第一个理由是，中间商拥有垄断地位，他们利用这一地位一再加价,导致交易量非常低。其二,中间商的位置使其很难承担交易的风险。他们缺少融资渠道来支持自己的市场地位,因此不得不独自面对供给和需求两方面的不确定性。这两方面的影响会把实际交易量限制在无效率的低水平。

西北公司的创办者们——蒙特利尔的新移民,他们要么从英国直接来到这里,要么是从 13 个美国殖民地流亡到这里,或许就看到了隐藏在这些低效率中的盈利机会。他们或许意识到,在英国人占领加拿大之前,法籍加拿大商人和原著民之间更直接的交易方式也有不错的盈利。他们肯定也看到,虽然哈德逊湾公司采取了被动战略,但在过去的一个多世纪中,该公司的利润却一直在增长。一个像样的、有效的竞争对手应该也能够做得非常好。

但西北公司的人也面临巨大的劣势:他们无法直接把货物运往或者运离皮毛交易地区的中心,因为哈德逊湾公司拥有垄断权,哈德逊湾不对他们开放。作为替代方案,他们只能通过位于圣劳伦斯河航道起点的蒙特利尔把商品从欧洲运过来,再把皮毛运回去。但问题是蒙特利尔距离皮毛最多的地区有数千英里之遥,特别是跟哈德逊湾的城堡比起来,他们与这些地方的距离要远上将近 1000 英里。西北公司的人不能指望潜在的客户会自己找上门来,因此他们被迫去找自己的顾客。

这是他们制定战略的最初想法,也是他们巨大成本劣势的根源。在 18 世纪最后几十年中,西北公司的人在收集皮毛的地区建立了数十个交易点,覆盖的地区直达位于如今的萨斯喀彻温省(Saskatchewan)和艾伯塔省(Alberta)最北端的阿萨巴斯卡地区(Athabaska region)。接下来,他们让法籍的加拿大船员划着用桦树皮做成的小船和小型开放的小艇,把欧洲的商品运到荒野,把皮毛运到市场,从蒙特利尔出发到阿萨巴斯卡地区再返回,途经五大湖区,还有加拿大北部那些尚未开发的河流。

这一战略是在于一个竞争的环境下运行,需要非常不同的结构、流程和行为,以确保其能够运行并对抗哈德逊湾已经使用了 120 年的体系。考虑到当时的通信技术,协调这样一个复杂的运行机制是不可能通过中央集权的决策体系实现的。相反,处于一线的个人需要负起责任,以应对那些无法预料的突发事件和随时变化的条件。为了确保其有效性,那些实际运营交易点的人是公司的合伙人("越冬合伙人"),他们对实际运营拥有很大的权力,并受所有权的激励好好工作。同时,运进商品、运出皮毛也是一项极为庞大的任务,必须依赖超常的体力。越冬合伙人有利润分成的直接激励,确保这些任务能够完成并付出相应的努力。反过来,他们也会给那些执行具体工作的船员们强有力的激励(包括成为合伙人的可能性)。与此同时,位于蒙特利尔的合伙人则负责处理获取商品、销售皮毛和融资等事务。他们也负责把商品运往公司位于内地苏必利尔湖(Lake Superior)上端的总部。每年夏天,他们在此和越冬合伙人碰面,后者从北方带着皮毛赶来。合伙人一年一度的聚会确保了信息得以分享,公司的决策得以传达和理解。

那么,除了天底下真的没有什么新鲜事这一点之外,这个例子给我们的启示是什么?

首先,战略需要和组织匹配:西北公司的战略取消了中间商,更加贴近客户,这一战略得到了组织的支持,很快就克服了50%的成本劣势,战胜了哈德逊湾公司100年的经验和皇室特许的垄断权。

其次,不仅战略和组织之间需要匹配,战略、组织和技术、法律和竞争环境之间也需要匹配。哈德逊湾的组织适合其战略与环境,结果是一个世纪的盈利,直到西北公司的进入。西北公司的模式也显示了战略、技术和竞争环境之间内在的连贯性和一致性。然而,一般说来,寻找这样的匹配看起来是一项严峻的挑战,因为有太多的不确定因素,面对的选择又是如此复杂。然而,为了达到成功,能够而且也必须找到这样的匹配。

再次,战略与组织变革并非易事,但是有时必须而且也能够做到。哈德逊湾花了十年时间对威胁做出回应。这和美国汽车行业对日本劲敌的成功进攻做出反应所花的时间差不多。变革终于出现,虽然已是濒临破产。哈德逊湾在内陆地区设置了交易点以应对竞争,还改革了组织流程以支持新战略,最终大获全胜。

最后,更具竞争性的环境偏好西北公司创造的那种组织设计,其原则在近来出现的现代企业的组织设计中也有所体现。

在本书中我将阐述这些原则,并说明如何加以运用。在这个过程中我将提出一些概念和理论架构,这些对理解有效的组织设计都非常重要。

本书的出发点基于如下假设:总经理们必须是组织的设计者。正如设计一个企业如何应对竞争的战略乃是总经理们的基本职责一样,他们同样必须设计并创造一个能支持战略落实的组织。而且，就像我们刚刚意识到的那样：战略不仅仅是首席执行官的责任，也是组织中所有管理者的责任。就组织设计而言，亦是如此。

本书的第二个基础是：经济学知识对组织设计问题非常有用。自从迈克尔·波特（Porter，1980，1985）率先将产业组织经济学的概念运用到战略领域，20多年来，管理学领域的实践者和学生们也逐渐意识到经济学分析对这个领域有巨大的价值。经济学的方法对组织研究与设计也有类似的作用，正如我后面将证明的那样。但是首先我们需要界定一些概念。

战略、组织和环境

企业要想获得较好的绩效，就必须在三个要素之间建立并保持良好的匹配。这三个要素分别是：企业战略、组织设计和运行环境。在管理学领域，这些概念已经被标准化了。组织设计问题需要考虑企业既定的经济、法律、社会和技术环境。假定战略已经制定，所要做的就是创造一个组织，在特定的环境中落实既定的战略。这一方法源自阿尔弗雷德·钱德勒（Chandler，1962）的名言——"战略追随结构"，即组织是战略得以实现的机制。

对于设计问题的性质和组织的作用来说，这一观点具有很大的局限性。尽管如此，但是我们仍将从这里开始我们的讨论。接下来，为了简化，我们会将重点放在传统的钱德勒模式上，并思考一个关于企业是什么、做什么的简单的理想化的版本。我们的起点是企业面临的机遇，如未被满足的需求、市场失效。对于西北公司来说，机遇存在于哈德逊湾没有有效开发的潜在的贸易收益中。更普遍的情况是，机遇可能来自比市场上现有参与者更低的成本或者能够更好地满足顾客需求（至少是某些需求）的新产品。反过来，这或许也反映了更好的技术、更多的创造性，或者之前没有被开发利用的规模经济和范围经济。

按照传统的观点，接下来就需要制定战略来捕捉机遇，也就是对企业将如何创造价值并保留部分价值进行详细说明。一个出色的战略涉及数个要素（Saloner，Shepard & Podolny，2001）。

  首先，战略需要一个目标。有了这个目标，企业可以对自身进行评估，对成功与否进行评判。目标可能是利润或股东价值最大化，也可能更为复杂，涉及不同要素或利益相关者的利益。即便把股东价值作为最终目标，战略目标的表述也应该使用更为具体的（且更激励人心的）操作性术语。例如，在 20 世纪 70 年代和 80 年代，日本的重型机械设备制造商小松公司（Komatsu），就提出了"打败卡特彼勒！"的目标。

  第二个要素是对范围的描述：详细说明企业要进入什么行业、提供什么产品和服务、从事哪些活动、在什么地方展开这些活动以及会使用什么技术。显而易见的是，选择做什么、怎么做、在哪里做以及为什么人做，这些是和战略直接相关的重要方面。不那么显而易见的是，战略的范围也决定了哪些机遇是企业不会追求的。这非常重要：战略是一种约束机制，能够帮助企业从大量机遇中识别出哪些是企业应该追求的，哪些是应该放手的。它还有助于组织成员无须过多的讨论和争辩就能做出决策，由此促进协调。此外，由于提供了清晰的目标和选择的边界，它还能够发挥良好的激励作用。

  战略的第三个要素是描述企业竞争优势的性质，说明企业提供的产品和服务如何能够促使其他人与其达成交易，从而实现自身的目标。企业如何吸引一个有利可图的市场？应该如何创造价值？如何创造顾客的支付意愿，还要能覆盖为他们提供服务产生的成本？企业是应该以较小的成本加成提供更好的产品？还是以较低的成本提供同样的产品？还是以更低的成本提供不那么诱人的产品呢？

  战略的最后一个要素是阐明为什么能够实现企业所宣称的竞争优势。为什么企业宣传自己将创造不同凡响的价值？它的做法可持续吗？企业如何才能使价格超过成本？有什么可以阻止现有和潜在的竞争对手侵蚀其利润，挖走其客户？用什么保证供应商或者顾客不会占有所有的价值？在正式的战略陈述中，这一部分内容常常被忽略，但是这一逻辑的清晰表达及其有效性至关重要。通常，一个有效的逻辑应该包括一个相互关联的体系，这个体系将企业所占据的特殊地位、对顾客选择所享有的独特能力联系起来，然后通过价格、成本、交易量支持公司维持并强化其地位和竞争能力。

因此，假如西北公司的领导者要描述其战略，可能会采用类似下面的表述：

> 西北公司将和加拿大北部的原著民进行贸易往来，用欧洲商品交易当地的皮毛。交易将在设立于皮毛产出地区的交易点进行，西北公司将承担交易点与蒙特利尔之间的运输工作，由公司的员工使用小型水筏进行运输。交易的商品来自蒙特利尔和英国，皮毛则在伦敦销售。西北公司将提供比哈德逊湾更优越的交易条件，后者因使用中间商收购皮毛而减少了顾客的净利润。西北公司也将比竞争对手更积极地响应顾客的需求。总之，我们将成为优选的交易伙伴。尽管西北公司的成本更高，但是由于这一定位优势，以及因消除中间商而带来的成本降低，公司仍然能够从和顾客的交易中获利。只要哈德逊湾公司提供的服务无法达到我们的水平（现有的公司战略、组织和管理一开始会阻碍它这样做），西北公司就能提供这样的交易服务并保持盈利。这将使西北公司能够达到其战略目标——主导英国—北美的皮毛交易并获取利润。

在多业务企业中，战略还涉及另一个层面，即集团战略。集团战略要确认企业将涉足哪些行业，以及背后的逻辑是什么，与单一的业务相比这样做为什么能够创造额外的价值。因此，它本质上是一个选择组合，里面包括了公司总部应承担何种作用的理论。

战略中隐含了为实现战略所需要采取的一系列行动。在一家典型的企业中，通常包括为了满足顾客需求必须采取的"价值链"活动，例如产品设计和开发、获取资源、制造、分销、销售和售后服务等，以及人力资源管理、管理信息系统和财务等"支持性"活动。西北公司的价值链包括获取商品、运输货物到顾客、完成实际交易以及将皮毛运回蒙特利尔之后再运往伦敦进行销售。

组织则是这些活动得以进行、战略得以执行的手段。任何一家企业的组织都是多层面的，组织变量的范畴大得惊人。因此，稍做分类整理可能会有所帮助。一种分类法把组织视为人（people）与一系列组织特征的集合。这些组织特征可以进一步划分为结构（architecture）、惯例（routines）和文化（culture），这四个要素的英文首字母缩写为"PARC"。

首先是作为组织组成部分的人员集合。他们拥有什么才能和技能、偏好、信仰、目标？他们准备为工作投入多少努力？他们这样做的目的又是什么？他们能够接受什么类型的风险？又看重什么类型的回报？他们和企业有什么关系？是所有者、雇员还是承包商？

结构特征包括组织图上的一切：企业的垂直边界和水平边界；如何将任务整合成工作，将工作整合成部门、经营单元、事业部门；上下级和权力关系等等。结构特征还包括企业的融资、所有权、治理结构等方面。这些都是相对"硬"的特征，通常伴有明确的契约因素。不过，结构也包含了把组织内外所有的人联系在一起的人际网络。事实上，人际网络和正式的组织结构一样重要，有时甚至更为关键。

惯例则包括所有的管理过程、政策和程序，包括正式的和非正式的。这些惯例塑造了信息收集和传递、决策制定、资源分配、绩效监测以及活动控制和奖励的方式。在这里，企业中决策权的分配——由什么层级的什么人进行什么决策，需要什么监督或审核——是一个关键的要素。这些过程也包括工作的惯例以及改变惯例的机制。所有这些特征既包括显性的契约要素，也包括差不多一样正式的"隐性契约"，即大家对事情应该如何进行的共识。

文化则是更"软"的组成部分，但绝非不重要。它包括企业成员所共享的基本价值观，以及共享的信念：企业为什么会存在？他们应该同心协力做哪些事情？应该单独完成哪些工作？企业的目的是什么？文化还包括企业中所使用的特殊语言，正是语言塑造了人们的思想和行动。文化还涉及企业成员的思维方式和心智模式，它们决定了人们如何看待自己，如何看待企业，如何解释发生的各种事件。更重要的是，文化包括了在企业中起支配作用的行为规范，后者指导人们如何与企业中的其他人及外部相关者打交道。文化定义了情境，在既定的文化情境下人们之间的关系得以发展、维系；文化为指导并塑造决策的隐性契约奠定了基础。文化发挥着社会激励和控制系统的作用。

除了战略和组织，决定企业绩效的第三个因素是企业所处的环境。环境包括竞争对手及对手的战略、组织设计，其他相关市场和企业的现状（如资源、零部件供应商、替代产品），顾客，还有技术、法律与管制环境，各种政治、社会和人口特征等。

设计问题：设定战略和组织

如果我们现在应用设计的视角，那么总经理的工作就是根据既定的环境起草一份战略——目标、范畴、竞争优势和逻辑，并创造一个组织——人员、结构、惯例和文化，以期最大化企业的绩效。从长远来看，组织的设计者也许会试着塑造环境，对环境施加影响，但是在我们的讨论中暂不考虑该问题。模型如图1所示。

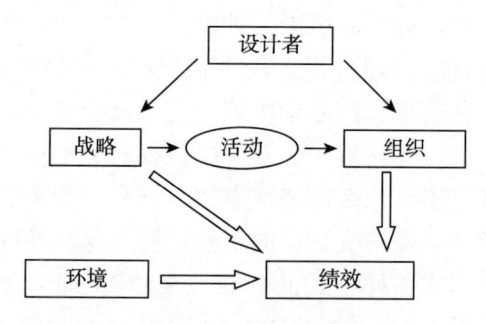

图1 设计问题就是在特定的环境下选择战略和组织以达到最大绩效

因此，绩效取决于战略、组织和环境。这一公式引出了战略和组织的权变理论。不存在唯一的最佳战略，也没有所谓的最优组织方式。战略的吸引力只能由它在既定的环境中是否运行良好、与试图落实战略的组织是否匹配来确定。类似地，组织设计的价值完全取决于它是否与特定的环境和战略相匹配，行之有效就是好的。而且，我们应该预料到，在不同的情境下究竟什么方法是有效的可能还要取决于具体的情境。关键在于发现并建立战略、组织和环境之间的平衡，并在面对变化的时候维持这种平衡。

那么，究竟什么是"绩效"呢？

企业是为服务人类需求而创造出来的机构。最终的绩效是企业在满足这些需求上究竟做得怎么样。这引出了一个新问题：企业应该为谁的需求提供服务？企业仅仅是一种为股东创造收益的简单机制吗？还是也为企业成员提供有意义的经历、就业保障和受重视的机遇？为顾客提供有价值的产品和服务？为社会提供税收收入和工作？对环境施加积极的影响？还是别的什么？

本文中我们主要采用以下观点：企业的宗旨可表述为"价值创造"（value creation）。这并非一个没有争议的观点，无论是从规定性的角度还是描述性的角度来看都是如此。实际上，其所指并不是那么一目了然的。经济活动所创造的价值是人们愿意支付的最高价格和活动的机会成本之间的差额。在更为具体且有些特殊的条件下，价值和价值最大化的意义很明确，并且是无争议的目标。这些条件包括：（1）存在可以被每个人加以评估的交易媒介；（2）这一"货币"可以在人们之间以任何数额自由交换；（3）用来偿付个体情况变化的货币数量并不取决于个体已经拥有多少货币。在这些条件下，在任何一次生产制造或交易活动中所创造的价值，都仅仅是所有相关各方为了就活动达成一致协议所愿意支付（或者是必须支付）的额外货币总额。这一数额被明确无误地加以确定，而且，从这个意义来说，最大化创造的价值相当于达到最高的经济效率。如果价值最大化的行动方案被采纳，就不可能找到所有各方都一致同意的替代方案。而且，如果存在可以创造更大价值的活动方案，那么采取替代方案并合理分配盈余有可能使各方都从中受益。[3]

因此，从社会的角度来看，在这些条件下，价值最大化可以说是一个合理的目标。而且，由于企业是为了部分人的利益而进行经营的，如果这些人有权力索取创造的价值，那么他们也希望企业的运转能使价值最大化。当然，这些条件很严格，在现实世界中肯定无法充分满足。即使我们把金钱财富视为人们普遍渴望拥有的好处（这似乎最自然不过了），第二个条件也有可能无法满足，因为赢家可能没有足够的货币偿付输家，在这种情况下价值最大化的条件无法赢得一致支持。确认并考虑所有的相关利益方也非常有必要。此外，第三个条件要求不存在需求的"收入效应"，这肯定也是错误的。

无论如何，在一个相当完善、运行良好的市场和契约体系中，企业所有者希望公司的经营能够最大化自身的长期财富这一假设从描述性的角度来说是准确的（至少是最接近的）。而且，从社会的角度来看，如果存在适当的机制能把市场价格无法反映的因素考虑进来，那么价值最大化不太可能成为一个明显不受欢迎的目标。例如，有效的市场意味着员工拥有很好的外部机遇，因此所有者会发现剥削工人无利可图；而有效的契约机制能够保证员工有能力保护自己，甚至为自己争取一部分创造的价值。与此同时，有效的法律和管制也会引导所有者，使其希望企业不要过分损害环境，或者和竞争对手联手侵害顾客的利益。

但是，在评估长期价值或者财富创造时仍然存在一个问题。如果股票市场价格能够迅速且准确地反映有关企业及其前景的所有可得信息，那么股票市场评价不失为一种良好的评价工具，而且企业市场价值最大化对于管理者来说也是一个合理的目标。当然，市场未必会运转得如此良好，在短期内尤其如此。此外，如果信息被有意地有所保留或者被人为操纵，股票市场也不可能运转良好。然而，从长期来看，追求企业价值最大化的诚实的管理者有可能会尽力为他们的股东创造尽可能大的价值。于是，问题就演变为，在特定的环境下选择（长期）价值最大化战略，并且创造能够落实这一战略的最佳组织。这一组织设计问题正是本书关注的主题。

战略变革与组织变革

前文中对建立环境、战略与组织三者之间的匹配这一过程的正式确定，对于首次需要决定做什么以及怎么做的新成立企业来说显然很合适。这一设计方法同样适用于发展中的企业，不过对于后者来说会出现一些有趣的更为复杂的局面。

对于已经成立的企业来说，在任何时间点都存在一个问题，那就是在企业目前所处的环境中，既定的战略和组织是否产生了最优的绩效。因为环境在持续变化，很有可能曾经行之有效的匹配不再有效。这意味着有可能需要进行战略和组织变革。

战略可以以相对较快的速度发生改变：一般来说，可以在较短的时间内制定战略并将其公之于众。但是，组织在两个不同的方面表现出了很强的惰性。首先，成功的组织一般会持续存在，成为企业战略能力得以扎根的长期资产。因此，现有的组织会影响未来的战略选择，影响企业对环境变化的反应。其次，组织不可能像战略一样被迅速且确定地加以改变。尽管改变正式的结构可能很容易，但是改变企业中的人员组合和他们之间的关系网络肯定需要时间，重新定义成员共享的基本信念、引入新的行为规范也是如此。而且，这些可能正是对实现战略而言最重要的因素。因此，有效的执行不太可能立刻发生，这些都会影响到在特定情境下的最优战略选择。

战略、组织和环境的变化速度之间的相互作用会产生一些有趣的复杂性。根据管理学家的传统观点，环境通常被看作是相对稳定的，变化非常缓慢、稀少。这很好地反映了早期的实际情况，如在哈德逊湾的案例中，公司历史上的第一个世纪里就是如此，而且直到今天，在某些行业里情况依然如此。如果这是一个基本正确的假设，那么前面所描述的方法多少都是适用的。一旦环境变化真的发生了，新的环境可以被视为既定且有可能持续存在下去的。可以据此制定一个新的战略，来捕捉环境提供的新机遇，接下来再设计一个新组织来执行新环境下的新战略，一切都可以按照传统方法给出的指导进行。假如环境再次发生变化，可以改变战略、重新架构组织的方方面面，以便与新的环境相匹配。由于组织的某些方面无法迅速进行调整，或许会出现一段时间的不协调。如果正确的组织设计并非显而易见，而是需要一段时间的研究和实验才能发现的话，也会出现类似的不协调时段。不过，在这两种情况下，与战略落实和组织到位的时间相比，不协调的时间都不算太长。

英国石油探测公司（BPX）是英国石油公司（BP）的"上游"部分，负责开采和生产原油、天然气。在 20 世纪 80 年代晚期和 90 年代的前 5 年，BPX 公司一直在按照上述方式运营（Berzins, Podolny and Roberts, 1998a, b）。1989 年，约翰·布朗尼（John Browne）接任了 BPX 公司的总裁。当时，石油企业（petropreneurs）比主流的垂直一体化的石油公司业绩更好，这些小型的能源企业聚焦于相对狭窄的业务领域。布朗尼为 BPX 公司重新制定了战略，通过将重点放在被石油公司称为"大象"（规模庞大的烃气田）的业务活动上来获得成本上的优势，因为这一做法能够产生规模经济，并充分利用了 BP 公司的技术能力和资金实力。这导致了开采活动的重新定位，公司出售了很多无法满足规模经济效率的生产性资产。这一战略持续了很多年。

与此同时，在集团层面上，BP 公司的组织形式是复杂的矩阵式组织，这一矩阵有地理位置和业务流（分为开采与生产，提炼与营销，化工）两个维度，公司有人员规模庞大的中央组织，实行高度中央集权的管理。从

现代企业：基于绩效与增长的组织设计

1990年开始，公司的组织设计开始发生变化，大量权力从总部向业务部门转移。1992年，BP公司发生了严重的财务危机，濒临破产边缘。从这个时候起，布朗尼转而从根本上重新设计了自己所在的部门。他取消了上游业务的区域性结构，也削减了大部分负责设定指令、监督运营的中央管理层。决策权在只由布朗尼和另外两位资深管理者组成的极度精简的执行委员会和每个生产单元或"资产"（一项典型的资产就是某个油田）经理之间重新分配。资产经理有权根据协商好的合约自行决定如何提供业绩，这些合约最初规定了成本、资产支出、产量和报酬方面的目标，其中报酬和单个资产的绩效非常相关。同时，中央职能部门的员工们被分散到各个资产中。这样做的目的是赋予最接近相关信息的人更多的权力，激励他们及时做出响应，从而提高整个企业的绩效。而且，单个资产的规模意味着，只要能够努力改善资产层面的绩效，就会获得相当可观的回报。

从一开始，这一基本的组织设计就带来了绩效的巨大改善。不过，在接下来的5年中，尽管战略没有改变，但是随着公司对组织设计的不断实验，组织发生了一些重要的调整。其中一些变革显然是为了克服最初的组织模型中的某些缺陷。在这些变革中，最重要的一项是引入了"同侪小组"（peer group），同侪小组把那些面临类似技术难题和商业挑战的资产部门联系在一起，互相提供支持、互相学习。这一结构被证明是必要的，因为没有了中间管理层，而且业务总部的职能专家又非常有限，资产部门的管理者遇到问题不能指望总部提供帮助。在组织结构和惯例方面也进行了一些变革，以充分利用不断变化的企业文化。在布朗尼的领导下，信任、帮助其他业务部门、完成承诺的绩效，这些准则都在BPX公司深深地扎下了根。这些信念塑造了人们的行为，使得企业可以改变提供报酬的基础，促进其他目标的实现，而不仅仅是提高单个资产部门的绩效。它们还促使把分配资本、满足成员资产部门的整体绩效的责任赋予同侪小组。所有这些变革反过来又促进了绩效的进一步提升。

动荡环境中的战略和组织

然而，当环境变化变得越来越快速、越来越频繁，以BPX公司为代表的那种针对战略与组织的按部就班的方法就不再适用。延缓的适应调整过程不再行得通，因为当新战略出炉、组织被重组完成时，环境早已又发生了多次变化。

事实上，近年来许多管理学专家和实践者宣称：在非常动荡的环境中，自上而下地制定前瞻性战略已经变得毫无意义。高层管理者无法直接得到有关市场与技术的必要信息以使他们足够快速和清楚地知晓并理解这些信息，从而进行自上而下的战略制定。

这一情况还有可能会混淆具体的短期战术与含有在战略陈述中所体现的那种战略思想的正式的战略计划（那种有着漂亮的封皮并且被束之高阁，永远没人再看一眼的计划）。然而，在某种程度上这一观点有其合理性，因此，设计问题的性质又以另一种有趣的方式被改变了。

在极其动荡的环境中，企业战略的许多细节很可能会从组织内各个层级的大量决策中浮现出来。高层能做的事情就是确定宽泛的战略方向或战略意图。而后，组织设计大致决定了将获得的战略决策。这样一来，钱德勒的名言正好倒了过来，是战略追随组织。

解决的对策是合理地确认那些变化速度相对较慢的组织因素，然后将它们视为是基本给定的。在这种情境下判断什么是合理的显然需要对环境的演变以及基本的战略指向进行一些预测。接下来的想法是改变战略以及组织中那些更正式但是具有弹性的要素，以便跟上技术和市场的变化。

但是，即便是在这样的情境下，设计的视角依然是有效的。只不过设计者现在的作用是塑造那些相对来说变化没那么快、将对人们所做的战略选择和组织选择产生持久性影响的组织要素，例如文化以及所设计的能帮助人们做出更好决策的一整套流程。设计者还要设定明确的战略意图，知会并影响分散的战略决策。最后，决策者还必须随着时间的推移不断调整战略意图和组织的可控要素。

芬兰的移动电话和网络设备制造商诺基亚公司在20世纪90年代采用了后一种模式（Doornik and Roberts，2001）。这十年见证了移动电话行业的巨大环境变化：放松管制和私有化、新服务提供商的进入、未预料到的需求爆炸性增长、数字技术的出现以及在这十年末开始的互联网和移动电话的融合。在所有这些领域，诺基亚都是大赢家，尽管1992年还几近破产，但到2000年它已成为欧洲最有价值的公司。

诺基亚的最高管理层只设定了宽泛的战略意图，为上百个分散的决策设定了背景，后者汇集成了公司战略。1992年，公司的战略意图被表述为四个标准，即"集中"、"全球化"、"无线通信导向"和"高附加价值"以及一个愿景"声音将无线传播"（voice will go wireless）。公司因此退出了就在几年前还占公司90%收入的大量业务领域，集中到移动通信和互联网设备上。公司的领导者还设定了一个延伸目标：在十年末将诺基亚的市场份额翻番。1997年，这个为2000年制定的目标就已经实现了。于是，早年制定的战略意图被新的使命宣言所替代：诺基亚希望成为电讯行业最有吸引力的领导者。（当时，行业的领导者显然是摩托罗拉。）到1999年，诺基亚的确成为了移动电话行业的领导者，同时，通过手机接入互联网的可能性也变得越来越清晰。1997年的目标又被新的战略意图所取代，诺基亚将通过"把互联网引入每个人的口袋"引领"移动信息社会"的创建。应注意的是，这些已经不是一般意义上的战略了。尽管它们宽泛地给出了范围，但并不精确，而且也没有展示公司为何能够创造价值或保留部分价值的逻辑。不过，它们的确为战略的出现设定了背景。

与此同时，诺基亚的领导者非常清楚文化在激励人们按照所需的方式行动时的重要性。因此，即使在公司以每年30%的速度增长并把业务活动拓展到全球的情况下，公司也都竭尽全力让文化的关键特征保持鲜活、有效。至于组织中更为正式的要素，则保持其流动性："我们痛恨组织图，如果必须画一张组织图的话，我们宁愿用铅笔画！"为了满足新冒出来的需求，正式的组织结构经常变动；企业内广泛使用人际网络分享知识、完成工作。与此同时，企业的规模和复杂性都在日益提升，作为应对，公司愈加依赖那些取代了之前的非正式惯例的常规化流程，之前的非正式惯例在公司各部门是大相径庭的。

BP公司和诺基亚公司在20世纪90年代都取得了巨大的成功，他们的成功也一直延续至今。两家企业采取了截然不同的组织模式，但是都非常匹配各自所处的环境和各自追求的战略。环境、战略和组织之间的匹配对两家企业的成功非常关键。就像几个世纪前的哈德逊湾公司与西北公司，还有那些在20世纪初形成多事业部组织形式的企业，它们都解决了组织设计的问题，于是，成功随之而来。

注释

[1] 关于这些进展的标准参考,参见 Chandler(1977)和 Chandler(1962)。
[2] 此处的讨论主要参照了(1985,1987);关于兼并后公司的历史,参见 Newman(1991);如想了解更多有关每家企业在并购前后的控制体系方面的情况,参见 Spraakman(2002)。
[3] 如想了解更多关于价值的概念及其适用性,参见 Milgrom and Roberts (1992:35-39) 和 Roberts(1998)。

第2章　组织设计的关键概念

原则上，战略选择和组织设计的问题极为复杂。选择一个战略本身就已经非常复杂了，再要考虑组织设计的所有要素的话，问题更会复杂得超乎想象。关于战略管理的文献可以说是"崎岖不平的地形"(Levinthal, 1997)，其围绕的观念是：战略管理的问题实在是太复杂了，几乎谈不上什么逻辑或者规律。

这一假说在某种程度上体现了这一点，即发现良好的设计十分困难，要想成功模仿更是难上加难。虽然如此，这个观点还是太过强势了。在"匹配"这个概念下，战略管理还是有逻辑的。特定的战略和组织设计的确能够做到互相匹配并同时匹配环境，从而创造良好的绩效，另一些则不然。而且，在环境特征和战略

第 2 章　组织设计的关键概念

与组织选择的变量之间，常常能发现可识别、可理解、可预测的、决定了哪些选择组合能发挥作用，哪些不能发挥作用的关系。这些关系的产生既有技术的也有行为方面的原因。识别这些关系并理解它们的意义能够指导组织的设计问题。

此外，当这些关系浮现时，在选择变量之间通常会存在数量相当有限的内在相互匹配的模式（coherent pattern）。于是，设计问题就变成识别和选择若干匹配但在多个维度上各不相同的选择组合。因此，若我们对那些产生匹配的因素有所了解，问题就会变得更容易处理了。

我们已经看过了这方面的例子。哈德逊湾公司的组织政策就互相匹配，并且也与战略和环境相匹配（直到 17 世纪西北公司进入，环境发生改变），西北公司的决策也一样。在所有关键的维度上，它们都有一直坚持的内在逻辑。再者，"混合搭配"是行不通的。举例来说，在早年的哈德逊湾公司，绩效工资不可能特别有效，因为员工的行为规范都受到了严格的规定和限制。因此，有可能符合利益的备选方案实在是非常有限。

但是为什么会有这些数量有限的内在相互匹配的模式？如何对它们进行定义？为什么混合搭配行不通？

战略和结构应该互相匹配，并且适应商业环境，这是一个老观点了。这三个变量之间可能存在不同的内在相互匹配的模式，这些模式未必都一样出色，对这一点的认识也不是什么新鲜事。然而，这些观点几乎都没有成为正式的理论。经济学近来取得的一些进展则提供了一种可尝试的、简单的、直觉式的而且强有力的方法。关键概念有：选择变量之间的互补性（complementarity）、有效选择的非凸性（non-convexity）、选择与绩效间关系的非凹性（non-concavity）。在设计中，互补性产生了清晰的设计内在相互匹配的模式。非凸性和非凹性意味着可能存在多种极为不同的内在相互匹配的模式。这些概念和观点为组织设计和变革问题提供了极大的启发。在这一章，我们将具体探讨组织变革所面临的一些困难。这引出了另一个需要考虑的特征，即组织设计的"紧密耦合"（tight coupling）程度，它反映了为实现绩效最大化或者为很好地应对变化，组织结构与特定战略和环境的精确匹配程度。

互补性

互补性包括不同变量的变化在影响绩效的过程中发生的相互作用。举个例子，考虑设计者为了实现企业的目标要决定或影响的任意一对变量。价格、服务水平、产品再设计的频率、债务—权益比率、绩效工资的强度、对下级的决策权分配以及企业文化的方方面面，这些都有可能成为设计者的选择变量。如果两个选择变量之间存在如下关系，即如果（更多）进行其中一项工作会增加（更多）进行另一项工作的收益，那么这两个选择变量就是互补的。用更数学的语言来表述就是，一种选择变量的收益增量或边际收益会随着互补性变量水平的提高而增加。[1]因此，如果设置或者增加一对互补变量中的其中一个，那么引入或增加另一个变量就比之前更有吸引力了。

例如，如果更好的品质能够令需求对价格增长不那么敏感（缺少弹性），那么价格和产品质量就是互补的。因此，品质的提升意味着更高的价格是有利可图的，因为价格的增长只带来了销售量的少量下降。

相反，如果两项活动之间存在如下关系，即（更多）进行其中一项活动会减少（更多）进行另一项活动的吸引力，那么二者就是替代关系。例如，直接监控员工的行为与使用基于绩效的激励工资，应该属于替代关系。如果实行绩效工资能够对员工的良好行为产生更强的激励作用，因为良好的行为会得到回报，那么，通过监控手段得到预期行为的边际价值可能就会降低，因此，监控的程度应该受到抑制。

互补关系的另一个例子与存货生产方式（make-to-stock）和订货生产方式（make-to-order）有关。根据特定客户的订单进行生产是存货生产方式的替代，在存货生产方式下，产品会提前制造出来等待客户的订货，在需求真正出现之前都是以存货的形式存在（Milgrom & Roberts, 1988a）。这里的重点并不仅仅是两种生产方式之间显而易见的替代关系。相反，我们考察的是两种生产方式制造出来的产品的比重，如果订单生产方式的比重很高，那么把这一部分的比例提到更高的水平就更有吸引力（相应地，要降低存货生产方式的比重）。原因在于存货生产方式服从的是规模经济规律，需要一定水平的存货以备不时之需。因此，如果有必要生产一点存货的话，增加存货方式的份额更有价值（相应地，要减少订单生产方式的份额）。

第 2 章 组织设计的关键概念

有关互补性和替代性的这些观点，可以更广泛地应用到环境与设计者的选择变量之间的关系上去。举例来说，如果一个环境变量的增加能够提高引入或者提升一个选择变量的收益，我们就说它们是互补的。因此，如果所得税的税率降低，那么增加显性绩效工资的使用就更有利，因为企业提供相同强度激励的成本降低了。于是，绩效工资和所得税率的反面就是互补的。这一观点还可以延伸到一组选择变量上：如果一组变量中的每一个都具有互补性，那么就称这组变量为互补的。

选择变量之间的替代关系和互补关系给组织设计问题提供了结构。特别是互补性，它产生了非常清晰的模式，即所有的互补性选择变量往往以相当的水平彼此配合。

直观上讲，这些或许非常清楚，但是要想把背后的逻辑看得更清楚，应该考虑另一个关于互补性的例子：企业制造系统的柔性和企业所提供产品的多样性。关于柔性，我们可以用从一种产品的生产转换到另一种产品的生产的速度或者（反过来）转换成本来定义。至于多样性，则可以用某一时间点产品种类的多少或者产品变革的频率来定义。在正常的环境下，柔性和宽度都是互补的。拓宽产品的种类能够提高企业的总需求，但是会降低单个产品的潜在销售额，因为顾客有了更多的可以互相替代的选择。除非平均库存水平能够大幅度提升，否则这对企业来说意味着要缩短制造周期，更频繁地进行制造转换。反过来，这又增加了更迅速和更便宜地——更有弹性地——进行转换的价值。（一般来说，增加任何一项活动与降低该活动的边际成本总是互补的。）因此，拥有更为丰富的产品种类能够提高增加柔性会获得的收益，二者存在着互补性。反过来看，因为拥有更广泛的产品种类这一优势，一个更具弹性的生产制造系统能够降低实现需求的成本，二者之间的关系方向一致。这种对称性并非偶然，如果增加一个变量的收益不会因第二个变量增加而降低，那么增加第二个变量的收益也不会因第一个变量增加而降低。

互补性带来了系统效应，即整体大于部分之和（从精确的意义上看）。假设我们增加了一组选择变量中的每一个变量。让我们先看看单独提高每一个变量而不提升其他变量对绩效的影响，然后对单个的影响进行累计。这些活动间的互补性意味着同时提升所有变量对绩效产生的总体影响大于单个影响之和。准确地说，这是因为互补性意味着一旦我们提升了某一项活动的水平，那么与该变量保持之前较低的水平相比，增加任何其他活动的影响变大了。

事实上，如果变量之间存在互补性，那么单独改变其中一个变量很有可能会导致绩效的恶化。然而，同时改变所有的变量则能够大幅度提升业绩。在这一方面，埃瑞克·布林约尔弗松（Eric Brynjolfsson）及其同事[2]曾经研究过，过去几十年在信息技术领域的巨额投资对生产效率的影响。他们发现，这些成本巨大的投资本身对生产效率的影响非常小。他们的结论和诺贝尔奖得主罗伯特·索罗（Robert Solow）的讽刺如出一辙：索罗曾说过，计算机无所不在，除了在提高生产效率方面。然而，当这些投资和组织设计的互补性变革相匹配时，就会对生产效率产生显著的影响。无论是信息技术投资还是组织变革，单独来看可能都没有太大的价值，但是一旦捆绑在一起就会对组织绩效产生巨大的积极影响。

一组互补性选择变量之间存在着一致性，这使得所有的变量要么都保持在较高的水平，要么都保持在较低的水平。考虑一下柔性和多样性的例子。当我们允许对每一个变量做出或高或低的选择时，我们能够预期到的是，通常会出现两种典型的内在相互匹配的选择模式：丰富的多样性和极高的柔性，或者二者都很低。这是因为，只有在多样性足够丰富的条件下承担柔性的成本才是有价值的。同样，只有生产制造系统具有足够的柔性，更高水平的多样性才是有利可图的。

汽车行业为每种模式都提供了例证（见图2）。众所周知，在20世纪的最初几十年，亨利·福特（Henry Ford）会卖给你你想要的任何车型，只要你想要的是黑色的T型车。福特的产品线极为狭窄，而且也不会经常变动，它生产T型车长达数十年。在柔性这方面，福特的工厂只为生产T

柔性	通用汽车	丰田
	福特	?
	低	高

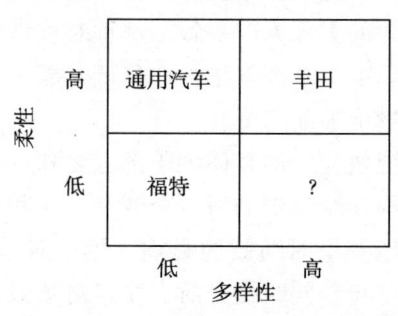

多样性

图2　互补性可以产生离散的内在相互匹配的模式

型车服务。工厂几乎毫无弹性可言，因此当福特最终决定转向开始生产 A 型车的时候，不得不对工厂进行大手术。显然，组织设计的这些特征和战略选择互相匹配。

另一方面，20 世纪最后几十年的丰田汽车公司拥有极富弹性的工厂和广泛的产品种类。例如，在 20 世纪 90 年代早期，丰田汽车公司的上乡发动机制造厂每天都通过一条生产线生产超过 350 种不同的发动机/传动装置/燃油系统组合（既有单凸轮轴发动机也有双凸轮轴发动机），一次生产多个批次，从生产线上生产出的每个产品都和前面的产品不同。产品品类十分广泛，而且工厂极具柔性。

每个模式又有自己内在的逻辑。而且，可以说，每个模式在各自的环境中都是最优的。福特的战略使其得以建立并主导了一个产业：曾经公路上一半以上的汽车都是福特的 T 型车。到了 20 世纪 90 年代，与 20 世纪的早些年代相比，柔性制造系统已经颇为成熟了。当消费者的品味变得更加多样化，丰田也一跃成为全球汽车行业的领导者，或许也是世界上最优秀的制造企业。

尽管在互补的组织特征之间可能存在多种内在相互匹配的模式，但是不同模式的要素进行"混合搭配"通常是行不通的。对于大多数制造企业来说，丰富的多样性/较低的柔性这一组合可能都不值得加以考虑：要么把制造周期缩短，这意味着频繁的转换和随之而来的巨大成本；要么使用较长的制造周期来避免成本高昂的转换，这又意味着企业必须提供资金准备巨大的库存。对角线之外的其他点从某种角度来说可能没有这么多问题，但是其昂贵的代价可能是灾难性的。事实上，这就是通用汽车在 20 世纪 80 年代遭遇的尴尬处境。在这十年中，为了提高潜在的柔性，通用汽车对柔性自动化以及其他相关的资本支出投入了比丰田和尼桑的市场价值加起来还多的资金。但是，通用汽车没有充分地加快产品开发过程，没有调整产品组合和生产作业计划，没有改革人力资源管理体系，没有采取其他与提高制造柔性互补的各种措施。事实上，通用的组装线还是常常制造单一车型，即使机器的性能已经允许在同一条生产线上制造多种不同的车型。在这十年末，通用汽车创造了公司在单一年度亏损的新纪录。第二年，通用又刷新了这个纪录。虽然这一灾难背后有其他因素的作用，但是在很大程度上通用汽车在 20 世纪 80 年代经历的长时间惨痛衰落要归因于组织设计选择上的错误搭配。

事实上，犯类似错误的远远不止通用汽车一家企业。例如，耶库马尔（Jaikumar，1986）曾研究过美国和日本企业在计算机数控（CNC）机器工具创新方面的采纳和使用情况，结果提供了没有充分适应调整的另一个失败案例。他发现，日本企业很快就看到了 CNC 工具提供的柔性、更短的制造周期和更丰富的多样性之间的互补关系。日本企业以小批次方式制造种类日益丰富的产品。然而在美国却是另一番情景，许多企业最初使用高度灵活的制造设备的方式就跟它们之前使用缺乏弹性的老式机器设备一样，仅仅是为了制造数量庞大的单一产品。

另一个关于选择变量之间互补性的更为丰富的案例则是林肯电气公司（Lincoln Electric company）独一无二的实践操作（Berg & Fast，1975，以及 Milgrom & Roberts，1995）。林肯电气的主要产品是弧焊设备和耗材，如电焊中使用的助焊剂。长期以来，林肯电气占据着美国该行业的支配地位，把诸如通用电气和西屋公司这样的大企业都逼出了市场。而且，林肯电气还保持了一份无懈可击的绩效纪录：在几乎整整一个世纪中，每一年的每个季度都盈利，林肯电气在美国的工厂从未亏损，也从未解雇过一名员工。林肯电气取得成功的基础是其采取的战略，即不断追求更高的生产效率、更低的成本，然后以更低的价格和顾客分享创造的价值。林肯电气之所以能够持续地改善效率、降低成本，得益于一系列支持这些目标的组织政策。总之，其战略、组织以及其他组织设计要素之间具有高度的互补性。

林肯电气组织设计的核心是广泛使用计件工资。任何时候，只要有可能，就支付工人计件工资，即每个工人完成的指定任务或者指定单位产品都有固定报酬。事实上，就连打字员也曾一度按照敲击键盘的次数支付工资（直到有一次一位打字员被发现边吃东西边重复敲打同一个键盘），高架起重机的操作人员则按照移动物品的数量支付工资（直到在厂区移动超重物品的速度和高度等安全问题引起了人们的关注才停止了这一做法）。

计件工资制提供了强有力的、直接的激励，不仅激励员工努力工作，同时也激励他们寻找办法不断提升个人的产出。这种方法容易理解且便于管理。这曾一度是支付产业工人工资的普遍方法。但是现在已经很少使用了，原因有多个。首先，如果工作的节奏不可能根据个人的情况调节变动，那么员工响应计件工资激励的可能性就非常有限，这样一来也就没什么用处了。在流水组装线或者团队组织工作的情况下，基于个人的计件工

第 2 章　组织设计的关键概念

资制就没什么价值。第二个难点在于，计件工资制只对产量给予了有力的激励，不鼓励对其他有价值的活动投入时间和精力。如果损失质量可以让工人提高产品数量，计件工资制将成为最直接的负面质量激励机制。而且，其他一些无法根据计件工资支付的合理活动，如帮助其他工人、在突发情况下接受临时的工作调整等会受到抑制。第三个困难是工人往往不信任管理层，他们担心如果充分响应这一激励机制，就会暴露自己的生产能力，计件工资的水平就会被调低。因此，计件工资并没有成为在其他情况下可能能够成为的有效激励机制。（该困难也部分解释了为什么工会通常会反对计件工资：他们担心一部分工人的响应会导致所有工人都不得不服从于更高的劳动标准。）最后一个问题是销售所有被制造出来的产品的问题，尤其是当销售疲软时如何维持这一制度。

针对上述难点，林肯电气采取了相应的政策和流程，使得计件工资制更加有效。生产作业系统的设计允许工人根据个人情况设定工作节奏，工人可以自由地响应激励措施，增加自己的产量。为了促成这一点，企业容忍了生产制造过程中的大量库存。为了克服有关质量和协作的"多任务"问题，林肯采用了个人年终奖计划。个人的年终奖金额由员工的主管领导决定，评价的依据是员工产出的质量以及协作意愿等因素。年终奖通常是员工基本收入，即计件工资收入的两倍。此外，每个员工的姓名还被刻在了其参与制造的焊接设备上，因此可以明确质量问题的责任。如果在检查时发现某个零部件有缺陷，责任人必须用自己的时间进行修补。如果由于某个工人忽视质量导致某个机器设备在现场失灵，至少要扣掉这名工人10%以上的奖金。

林肯电气也采用了一整套的组织特征以帮助克服信任问题，从而让计件工资制具有可信赖性。首先，公司承诺，除非产品或者工作方法需要变革，否则不会调整计件工资的水平。公司还允许员工对任何一个新的计件工资报酬率提出反对意见，并对其重新进行计算。[3]然而，是什么让公司的承诺看起来可信赖？首先，这家企业主要是员工所有的。在很长一段时间内，员工、管理层和创办者林肯家族拥有企业的大部分股票。20世纪90年代中期林肯电气面向公众发售新股时，并没有给新股分配投票权。这一所有权机制降低了投资者不理解承诺重要性或者缺乏耐性强行降低计件工资的危险。其次，在企业创办的早期，林肯电气就采用了一系列能够促进员工和管理层之间的双向沟通的管理措施。类似的做法在今天早已司空见惯,但在林肯电气采用它们的时候,可以说是极为罕见的创举。再次,直到1965年,林肯电气都是由创始人及其兄弟经营管理,后来的三十年,则是由林肯电气的职业经理人负责。他们本人都投身于管理系统中,非常理解其内在的逻辑以及赢得员工信任的必要性。最后,林肯电气还制定了一系列象征管理层与工人相对关系的政策,包括不为管理层特别划定停车位、相对较低的经理人薪酬水平、没有单独的经理人餐厅,还有简朴的斯巴达克斯式的管理者办公室。这些因素增加了员工对管理层的信任,降低了那种"我们 vs. 你们"的心态带来的危险。

最后,为了解决产需平衡的问题,林肯电气在正常情况下分配员工在岗的时间,同时会在必要时强制性要求加班。

如果把林肯电气组织设计的这些特征拆开来单独看,可能有些吸引力,也可能没有。但是一旦把它们放在一起就特别强大,因为它们是互补的。在现代化的"精益"制造系统中,半成品存货常常被视为诅咒。然而,林肯电气对这一现象的容忍使其获得了单个员工调整工作节奏的弹性,而这正是令员工响应计件工资制的必要条件。如果没有起制衡作用的对质量和协作的激励,计件工资制可能就是个灾难。林肯电气公司采用了互补性的年终奖计划,使得计件工资制更为有效。较高的信任水平也提升了计件工资制的有效性,而这离不开开放的沟通政策、所有权结构、长期从企业内部提拔领导管理,以及有关地位的行动和政策等的支持。其中一些要素相对来说比较少见,说明它们在更加标准化的组织模式中没有什么价值。然而,它们却是奠定林肯电气成功基础的重要因素。最后,林肯电气吸引并留住了那些认可林肯模式的员工,这使得林肯电气的模式更加有效。根据与林肯电气员工的访谈来判断,他们以物质成功为导向,为了达到这一目的愿意努力工作,他们被林肯电气所提供的个体责任与自主性所吸引,而且他们不想要什么工会。

林肯电气的组织使其获得了相当高水平的生产效率,这对实现企业的低成本战略至关重要。但是,实际上林肯电气的目标不仅是低成本,而且是持续降低成本。这样做的一个主要潜在障碍是员工的焦虑,他们担心不断提升生产率可能会威胁到雇佣关系,因为生产同样数量的产出可能只需要比以前更少的人员。这解释了林肯电气另一项非同寻常的政策,即不解雇员工的承诺。即使在经济严重衰退的年份,公司也坚持了这一承诺,公司的做法是让工人粉刷工厂，而不是简单地解雇他们。这一政策对建立信任也有所贡献，而这种信任是支持计件工资制的可信赖性所必需的。因此，如果孤立地看其他政策，其吸引力可能令人怀疑，但是在林肯电气所追求的目标以及进行追求的方式下，这些政策就变得很有价值。

因此，林肯电气的各项特征一起创造了比单独运用它们中的任何一个要素都要大的影响，因为它们是互补的。

正如这个例子所显示的那样，互补性变量的范围可以很宽泛，相应的模式也可能很多。我们从文献中还可以找到其他例子，尤其是在人力资源管理（HRM）的情境中。普费弗（Pfeffer，1996）、贝伦和克雷普斯（Baron & Kreps，1999）曾经探讨过在大量人力资源管理实践中存在的互补性。贝伦、伯顿和汉南（Baron，Burton & Hannan，1996）发现了在硅谷的创业企业中存在这类互补性的证据。他们从上千个可能想到的模式中确认了实际被采用的数量有限的模式。依奇尼奥威斯基等（Ichniowski，Shaw & Prennushi，1997）记录了特种钢完成工段中所使用的人力资源管理系统的模式，其可用生产制造系统与人力资源管理实践之间广泛存在的互补性做出最佳的解释。布雷斯纳汉等（Bresnahan，Brynjolfsson & Hitt，2002）研究了美国工业企业的大量样本，结果发现，在信息技术、工作场所组织、产品创新和一些人力资源管理实践之间存在着互补性。

也许迄今为止被研究过的最广泛的互补性组合涉及传统的大规模生产方式和现代的精益制造方式之间的对比（Milgrom & Roberts，1990b，1995）。[4]大规模生产和精益制造代表了大量政策变量集合中的两种具有内在相互匹配性的选择方式。任何一个变量从大量生产方式向精益制造模式的变动，都和其他变量的相应变动呈互补关系（见表1和表2）。

如果要考察如此多变量之间的相互作用，我们可能会偏离主题太远。尽管如此，但我们还是可以试着勾勒一下其中一些变量的轮廓。资本设备的柔性、生产周期的长度、库存水平、产品种类的广度以及产品变革的频率，这些因素之间的关系都已讨论过。市场营销以及与顾客沟通的方法，则在很大程度上由和产品战略相匹配的需求所驱动。产品变革的频率增加了产品开发速度的价值。大量生产方式下进行产品开发时采用的是持久的、按部就班的方法，同样的方法到了现代制造模式下就行不通了，后者需要使用跨职能部门团队来迅速地完成新产品的设计和制造。频繁的产品变革和频繁的流程创新都更偏向于使用具有较高技能的劳动力，他们应既能处理复杂情况，又能随时解决出现的问题（而不是等着管理者和工程师做这些工作）。因此，能力、培训和创新之间存在互补关系。

表 1	大规模生产方式的典型特征
逻辑：流水线、可互换的零部件、规模经济	
专用的机器设备	垂直的内部沟通
较长的生产周期	连续的产品开发
不频繁的产品变革	静态的优化
狭窄的产品种类	强调产量
大规模营销	较高的库存
对工人的技能要求较低	供应管理
技能专业化的工作	库存生产方式，与顾客的沟通有限
中心专家和协调	与员工和供应商的市场化交易
层级制的计划与控制	垂直一体化

表 2	现代制造方式的典型特征
逻辑：柔性、速度、范围经济、核心能力	
柔性机器设备，较低的启动成本	跨职能开发团队
较短的生产周期	持续改进
频繁的产品改进	强调成本和质量
广泛的产品种类	较低的库存
目标市场	需求管理
具有较高技能，交叉培训过的工人	订单生产方式，与顾客进行大量沟通
工人的主动性	长期的基于信任的合作关系
局部信息和自我管制	依赖外部供应商
水平沟通	

　　为了充分利用劳动力的能力，让其参与改进流程的开发工作则更有价值。因此，赋予工人权力与寻求持续改进，这二者与让员工拥有更多技能是互补的。有技能的工人对企业的活动和需求特别了解，为了帮助保留这一有价值的人力资本，需要建立长期的雇佣关系。与此同时，制造设备的柔性降低了锁定特殊供应商和客户的风险，并且和内部供应相比较，更偏向于外包。与供应商建立长期的合作关系进一步支持了这种做法。

第 2 章 组织设计的关键概念

在许多行业，现代精益制造模式已经取代了大量生产方式，对绩效产生了强大的积极影响。这是一个很好的例子，展示了战略与组织选择的一种内在相互匹配的模式变得比之前看起来最优的模式更有效的情况。当环境发生变化时，会发生这种变化。在理解不同模式的效果如何时，互补性也非常有价值。

当选择变量是互补性的时，环境的任何变化如果能够增加提升某一变量的吸引力，那么结果往往是所有的变量都会增加。这产生了选择如何根据环境变化而变化的系统可预测模式。为了弄清楚这一点，我们假设一个例子：实际上已最大化了绩效的一组互补生产要素间的一个初始选择集合。这表示，在该点上增加或减少任何生产性投入水平都将是不值得的。然后假设其中一项生产性投入的成本下降到足够低的水平，现在已值得增加这一变量。但提高这一变量的水平会增加提高每一互补选择变量水平的吸引力，因此我们预期所有其他的生产性投入的使用水平会因第一项投入水平的提高而提高。这反过来进一步提高了增加第一项生产性投入水平的收益，而该效应又会提高增加其他投入的收益。最终的结果是，为应对起初只偏向于提高其中一个选择变量水平的环境变化，所有选择变量的水平都提高了。

应用这一逻辑，在过去数十年中已出现的从大规模生产到精益生产的转变很可能就是对若干环境变化的应对。柔性制造设备（计算机辅助设计和生产设备、数控机械和工业机器人）的成本无疑已经下降：这些设备确实直至最近才出现。该现象的首要效应就是促进了更多柔性生产系统的使用，而对其的采用又促进了其他因素的整体转变。同样，随着通讯和信息技术的改进，与客户以及供应商进行通信的成本也已下降，这为订货生产法创造了有利的条件，而且对所有与之互补的特征也有间接的促进影响。随着收入增加，消费者的爱好很可能变得更为多样，而这也会有利于向新模式的转化。再次，在过去数十年中已发生的劳动力队伍正规教育水平的提高也促进了转变，使得工人们的脑力（而不仅仅是他们的体力）得以利用，这也与精益模型中的其他因素相互补。最后，随着供应商和竞争者转向新的模式，公司采用这一模式的动力也会因此增加。

这就引发了在各种战略和组织设计的变革模式间进行转化的问题。关于补集的数学原理表明，在互补物系统中，任何有利于提高某一特定变量的环境变化都会引起其他所有变量的提高。因此，当选择是互补的时，所期望变更的方向是明确的。然而，实际上组织变革看上去非常困难，其原因非常多,但可通过更深地了解环境、战略和组织设计与绩效间关系的本质获得部分答案。这就是第二种理念——"凹性与凸性失灵"出现的起因。

非凸性与非凹性

经济学和社会管理科学中的传统模型通常会做出借鉴自然科学的特定数学假设,即选择集合的凸性和目标的凹性。之所以使用这些假设是因为它们使得可以使用微分方法分析模型,而这些模型往往会给学者和实践管理者们在试图理解世界时带来灵感。但是,这些数学假设在处理战略和组织选择的问题时通常非常不合适,它们产生的直觉往往是错误的。替换这些模型可开拓重要的新见解。

第一个假设,选择集合的凸性,是指如果有两个可选择项,那么任意的中间选择都是可能的。该假设所特别隐含的含义是选择是无限可分的。第二个假设,目标函数的凹性,针对的是在特定环境下选择和绩效之间关系的性质。在选择由单一变量表征的情况下,凹性意味着选择水平的连续增加对绩效的影响是逐渐减小的,甚至最终可能变为负值。更一般的情况下,该假设要求在两个不同的选择引发同等绩效的情况下,两个选择间的任意中间选择可引发更高水平的绩效。这些特性(以及同样经常被假定的一些边界条件)意味着在任何环境下都存在能使绩效最大化的选择。

该种情况可以在图3中进行说明,图中描述了特定环境中选择和绩效间的关系(为能够进行图示,假设选择是一维的)。

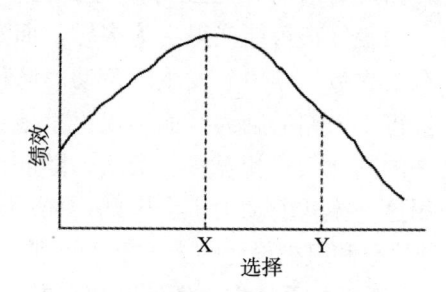

图3 选择和绩效关系的经典模型

当选择水平提高,实现的绩效提高,并在标记为X的选择水平达到最大值，而后绩效降低。

该种建模方式的首要含义已经在上文提到过，即存在完成事情的最佳途径（在图中所标记的 X）。而且，如果当前的选择并不是最佳点，则朝向最佳途径的微小变化就能够提高绩效。例如，在图 3 中的 Y 点，任何朝向 X 的变化都能够提高绩效。更一般的情况是，如果存在能够提供更好绩效的其他点，朝向这一新点的对选择的较小调整能改进绩效。因此，寻找最佳选择的任务相对比较简单，因为改进绩效的局部实验最终能够引向最佳点。即使在选择是多维度的情况下，这仍旧是正确的。在选择是多维度的情况下，凹性意味着最佳选择能够通过极度不协调的、局部的和扩散式的实验和搜寻找到，即在能够改进绩效的方向上独立地、少量地更改设计的任何要素，并在可能的情况下持续做出更改。然后，在这一过程结束时，最大化绩效的设计已找到。因此，在分散式搜寻绩效改进的过程中不存在协调性的问题。

第二个不那么明显的含义则与在环境改变之时维持最佳选择的任务有关。假设环境的变化重新构建了选择与绩效之间的关系，最佳选择也由此改变，但是关系的基本内凹形状保持不变。那么，追踪变化并保持在移动的目标附近似乎是相对比较简单的事情。少量 kaizen 式（即持续改善式）的局部实验就能够显示出绩效改进是否可能以及更改应朝向的方向。开始朝已确定的方向移动选择，当不再有进一步的绩效提高时，新的最佳点就已经找到了。

举个例子，假设选择与绩效的最初关系如图 4 中的实曲线所示，公司能够将自己置于最佳的战略和组织 X 点。现在假设环境发生改变，虚线反映了选择与绩效的新关系。在此例中，X 点的绩效并未改变（但在一般情况下它很可能会改变）。新的最佳点位于 X′处，其选择水平更高。通过在 X 点细微地改变选择进行实验会显示新的最佳绩效位于更高的水平：因为

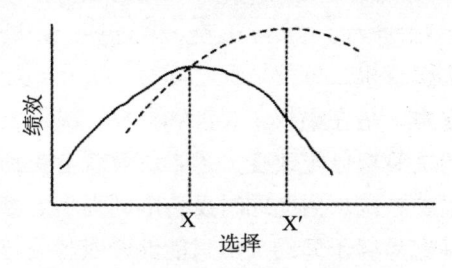

图 4　选择和绩效的关系发生改变

提高选择水平能够提高绩效，而降低选择水平会损害绩效。

此类模型以及其所产生的直觉所存在的问题是，其所坚持的、为其根本的假设在涉及战略和组织选择时相当不合理，因为存在大量的不可分因素（公司不可能有非整数的工厂；其要么进入一个市场，要么不进入）。这与凸性并不相符。

而且，更为关键的是，规模收益递增、学习效应和不可分性都与目标的凹性不相符。例如，随着收益提高，不进行操作和在某些保本正投入水平上进行操作均可能导致零利润；但在中间水平上的操作可能会导致亏损，因为这些水平上的单位成本更高。这直接对凹性的定义提出了挑战，所以绩效并非是选择的凹函数。实际上，如果选择有多个因素，且这些因素显示出较强且普遍的互补性，那么从数学上讲，不可能具备这些模型所赖以成立的条件。

在认识到这些简单的事实并接受凸性和凹性不再适用的可能性，甚至是很大的可能性后，对管理问题的许多重要见解就得以产生了。

首先是理解为什么有些公司看起来在漫无目的地不停更改其组织（从集权式决策到分散式而后又变回集权式的决策）。这种现象困扰了无数组织观察者，已经成为"组织设计实际上是理性完成"这一理念的反对证据。实际上，这可能是针对不可分性非常有效的应对方法。

关键在于，认识到有权进行决策的个体本质上是不可分的：权力要么在于总部，要么授权到经营单位。现在假设组织设计者不能够直接控制设计中的一些非正式因素，如人际网络的操作或者公司文化的一些因素。这些因素根据组织的正式方面（包括决策权的分配）确定的方式进行演变。具体说来，如果决策是集权式的，某些规则就会减弱；而在分权式决策中，情况则相反。这些可能是主导风险承担等行为或任务间的投入分配等的准则。最后，假定这些准则会对绩效产生实际影响，且这些准则处于中等强度时绩效最佳，即介于永久集权或永久分权情况之间时。那么，如果组织变革的成本很高，最佳的解决方案就是在集权式决策和分权式决策之间进行间歇式的转变。当准则因当前的决策权分配改变太多，绩效就会受到不利影响。解决方案就是变换到另一配置方式，由此同时反转准则强度的变化方向和正在不断降低的绩效。这就好比是房子里的火炉只能够开或者关，而房子里的温度根据火炉状态所确定的方向渐变。在房子变得太热时，温度调控器会关闭火炉，而当温度下降到足够低时，它又会打开火炉。[5]

第二个见解更基本也更重要，即，会有非常多的选择（或当存在多个选择变量时有多种选择模式）。但是，在这多种内在相互匹配的模式中，有些相比其他的能够产生更好的绩效。

此处的"内在相互匹配的"有双重含义。第一，它要求选择集合的任何较小调整都不会增加绩效，选择是"局部"最佳的。所以，如果一个选择是内在相互匹配的，那么以 kaizen 方式搜寻稍微更好的做事方法，即使是在决策者之间进行协调，也不会产生改进（除非环境发生改变）。第二，在选择是多维度的情况下，在特定变量真子集中的变化，无论变化如何大，都不会提高绩效。因此，如果组织处于内在相互匹配的点，即使其表现为绩效较差，管理者很可能仍无法找到更好的解决方案，除非战略和组织设计的每个元素都以协调的方式发生改变。

第一种内在相互匹配的类型，即局部最佳，可以在图 5 中进行说明。横轴表示选择（再次假设选择为单维的以便进行图示），而纵轴显示的是所引发的绩效。Z 点内在不相互匹配，从 Z 点的任何小变化确实都会提高绩效。有两个独特的点，即 X 点和 Y 点，从这两点的较小变化无法提高绩效，因此其符合内在相互匹配的局部最佳标准。但是，Y 点显然具有很好的绩效。如果选择和绩效的关系是凹性的，就不可能发生这种情况，因为凹性关系下只会有一个局部最佳点。

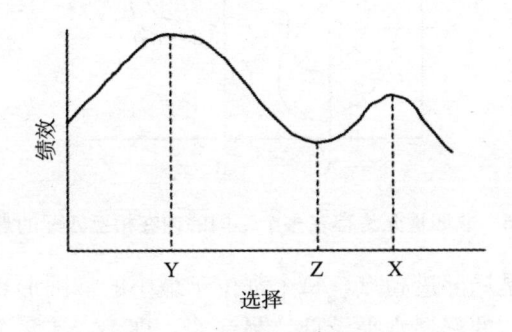

图 5　非凹性的绩效关系

为说明内在相互匹配的第二个方面，可考虑一下组织绩效是公司中各不同单位绩效的最低水平的情况。这在产出是如流水线一样由不同人或者小组按顺序工作、每个人或小组各进行一次操作而生产的情况下尤其如此。（注意：

现代企业：基于绩效与增长的组织设计

在这种情况下，行动是互补的：一个人更努力地工作在其他人也是如此时更有价值。）于是，所有单位都在同样水平上操作的任何模式都具备内在相互匹配的第二要素：在活动水平的子集上的改变，不管改变如何大，都无法提高绩效。这是因为部分活动未被改变，因此，即使我们提高了子集中所有其他活动，最小值还是没变，总绩效也未改变。例如，如果存在三个组织单位，其都在水平 2 上操作，则组织绩效为 $\min\{2,2,2\}=2$。增加前两项活动的水平到 3，组织绩效仍为 $2=\min\{3,3,2\}$。要实际提高绩效，则需要所有活动水平都提高。（但是要注意，在该设定中，较小的、经协调的变化可提高绩效，因此我们不一定具备内在相互匹配的第一特征。）

更引人注目、在管理上也更为重要的是，可能会有多种模式符合内在相互匹配性的检验。为说明这些，我们需要考虑多个（至少两个）选择变量。我们只要考虑如图 6 中所示的等高线图，而无须在三维图中画出选择的两个维度以及与绩效的关系。图显示了有两座"山峰"的"山"，其中一座"山峰"在另一座的东北面，两峰之间的山脊有"较高山道"。曲线连接具有相同绩效的选择，箭头指向"高坡"。

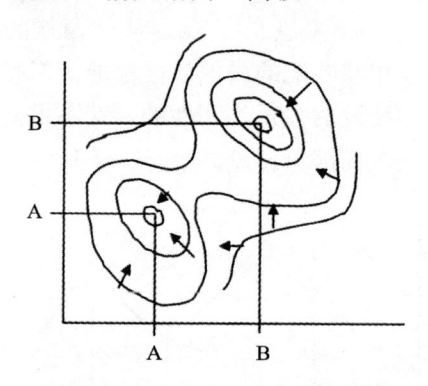

图 6　非凹性允许存在多个不同的内在相互匹配的点

有两个点都是局部最高点，每个都位于最小的椭圆形轮廓线内。其中一个（标记为 A）的选择水平较低，另一个，即 B，其两个选择维度的水平都更高。它们是峰。A 和 B 都具有内在相互匹配的第一个要素特征，即任何较小的变化，即使是所有选择变量水平都发生改变，都会降低绩效。它们还具有第二个特性，即平行于轴线的移动（即只有一个选择变量发生改变，不管改变如何大）都不会提高绩效。但是，任意一个峰都有可能具

第 2 章　组织设计的关键概念

有比另一峰更高的绩效水平。如果公司发现其处于错误的峰上，那么任何改进都需要对选择的所有维度（即两个维度）做出较大并协调的改变。

这对管理的一个重要启示就是，在存在大量互补性和非凹性的情况下，仅仅分散式的局部实验是不够的。搜索和改变必须进行协调。这并不是说它们必须以命令和控制的方式由上层驱动。但是让管理组织特定要素的单个管理者们自行寻找改进可能会非常失败，限制在一定范围内的实验也是如此。这都会导致无法寻找到更好的解决方案，公司反而会被卡在次级的内在相互匹配的点上。这意味着实现最佳的设计必须进行中央协调，即需要有策划者，或者做出选择的不同各方彼此间能够进行密切沟通。

公司为什么会终结在错误的峰点上？或者其是怎样终结在错误的峰点上的？答案之一就是它做出了错误的选择。更深层次的原因就是，因环境变化，它可能被卡在次级位置上了。例如，因西北公司突然介入导致的环境变化使得哈德逊湾公司的模式变得不再合适，虽然它在一个多世纪以来都发挥了良好的作用。但需注意的是，改变并不一定是要彻底或者间断的。在存在非凹性绩效函数的情况下，环境的连续变化会导致战略和组织最佳配置的非连续的重大改变。

考虑一下图 7。纵轴和横轴与图 3 到图 5 中的均一致，表示的是选择和所引发的绩效。（但如有可能，考虑如图 6 中的一样的多维选择）。第三根轴是时间。随着时间的流逝，技术、竞争者、供应商和消费者的行为以及其他因素逐渐变化，连接选择和绩效的曲线也同样发生改变。该图中画出了在三个时间点上的关系。最初，在时间 T_1，选择 Y_1 是最佳的。X_1 是内在相互匹配的选择，但比 Y_1 差。随着时间和改变继续，两个内在相互匹配的点从 Y_1 移到 Y_2，而后是 Y_3；X_1 移到 X_2，而后是 X_3。开始处于 Y_1 的公司很可能会追踪局部最佳配置的改变并持续调整其战略和组织，变动到 Y_2 再到 Y_3 并不太困难。应注意的是，随着时间的流逝，相对于位置 X，位置 Y 的吸引力在降低。并不一定是 Y_3 的绩效比 Y_1 所提供的低，虽然情况可能的确如此。但如果技术、竞争、法规或社会的变化足够有利于 X 的配置，那么其绩效就会超过 Y。

在时间 T_2，X_2 的配置与 Y_2 一样好。但是在时间 T_3，X_3 要显著好于 Y_3。那么，遵循基本的 Y 战略并根据边际利润巧妙地调整自身的公司会突然发现自己对环境的适应很差：存在非常不同、也比当前要好得多的出

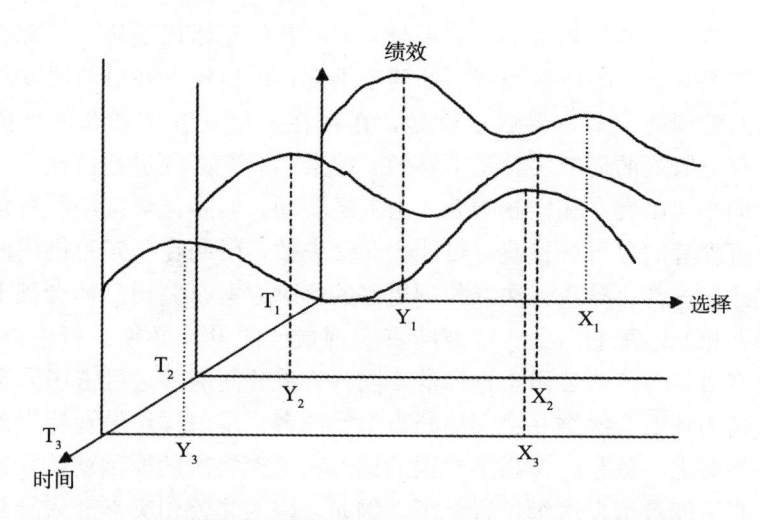

现代企业：基于绩效与增长的组织设计

图 7　非凹性绩效关系的转变导致最佳绩效点的不连续改变

路。公司而后面临选择：坚持其原来方法，但可能最终不可行；或者进行彻底的战略和组织变革。

这样的变革并不容易，这也可以看作是不良组织惯性（即无法采取看起来有价值的变革）的原因之一。为进行变革，领导需要具备多种素质。

首先，领导必须具有战略认识。最基本的问题就是认识到变革的需要或机遇。哈德逊湾公司的领导没有认识到进行变革以面对（更不要说阻止）西北公司进入的需要。类似地，通用汽车的前 CEO 杰克·史密斯（Jack Smith）曾说过，汽车生产商在整个 20 世纪 80 年代都"拒绝接受现实"，（多少有些顽固地）无法看出日本的竞争者已经从根本上改变了行业的性质，因此也无法看到通用汽车进行战略和组织基本变革的必要性。在该案例中，过去的成功变成了困境。

领导所需的第二个素质就是远见，以便至少能够大致上看到其他更好的模式。这首先要知道需要何种变革。在 20 世纪 70 年代末和 80 年代初，当美国的汽车公司管理人员和工程师去日本时，他们看到了日本汽车工厂与自身的很多差异。在日本的汽车公司，看不到在制品库存；工人们可以（而且也确实是）在任何时候拉绳子停止生产解决问题；不存在可更改装配错误的返工区（在美国传统的汽车厂中，返工区一般占据四分之一的面积）；从做操和齐唱公司之歌开始每一天；工人们穿着工作制服；有各种

第 2 章　组织设计的关键概念

作用的团队，等等诸如此类。这些因素中到底哪个起到了作用？为什么？解决该问题花费了很长时间。因为缺乏关于何种因素起作用以及各部分如何组合的良好理论，美国的专家带回了一些新异的内容，特别是质量管理小组。但这些都彻底失败了，因为它们未得到质量承诺、授权工人进行实验和更改工作方法以及保证就业（工人因此不用担心改进生产率会影响就业）等措施的支持，而这些措施都是使工人参与改进的补充因素。

这表明的是对理论的需求。当然，当需要组织创新而不仅仅是模仿时问题更大。在需要组织创新的情况下，组织必须致力于寻找新的方法。发展彻底不同的模式所涉及的全球性搜索类型与在给定范式里寻求改进的局部方法基本无共同点，即便非常善于局部搜索的公司也可能难以进行全球性搜索。在这种情况下，理论也能够通过提示搜寻重点而发挥作用。

在这方面，强调并不需要从一开始就了解新方法的各种复杂性这一点非常重要。的确，我们所期望的是，在机会产生之时，公司能调整其政策并增加与其已有措施互补的活动。由此，公司就会逐渐朝以各互补活动匹配度高为特色的战略和组织模式发展，虽然最初没人充分理解最终出现的设计的所有复杂性。实际上，林肯电气的系统就是历经多年形成的，其与已有内容相互补充的特征就是逐渐添加上去的。按件计酬制度是在 19 世纪末公司成立时制定的，年终奖制度是在 1934 年补充进去的，无失业政策则直到 1958 年才形成。期间不变的是曾长期担任公司董事长的詹姆斯·林肯的远见，他深信提供个人奖励可以提高生产率。

类似地，为现代精益生产模式之奠基者的丰田生产系统也是逐步形成的（Ohno，1988）。随着战后的日本摆脱战败和毁灭，丰田力图重新从事汽车生产。丰田生产系统的创建者丰田英二和大野耐一发现，其无法在大规模生产上进行竞争，因为日本市场太小且（对卡车、豪华轿车和出租车等的）需求已经分化。所以他们开始创建能够使自身在无大规模运营效率的情况下获得成功的新方法。新方法的主旨就是通过彻底消除 muda（浪费）来节约成本，而最关键的见解就是将库存视为 muda。减少库存的努力导致了零件供应准时生产法的形成。这既提高了柔性的重要性，也显示了在问题可立即找出并更改的情况下改进质量的可能性。但这么做需要授权给工人，使其可根据局部信息行事。最终，整个现代模式得以形成。

引发变革所需要的第三个领导要素是就新方法、其总体特征以及如何实现目标进行解释沟通的能力。实际上领导者不可能设计新系统的所有细节并独自一个人执行它。组织中的所有人都必须参与进去。因此他们必须理解需要完成的事务。除了沟通，领导还必须有说服力，能够让人们相信变革的必要性以及其可产生的收益。

最后，领导必须有勇气尝试很长时间之后才会产生结果的事情以及难题，并在过渡并不容易且绩效实际受损的情况下不退缩。在重大的变革实践中，这样的绩效下降几乎是不可避免的。首先，除非公司能够机敏准确地从一个峰值跳跃到另一峰值，否则从一个峰值到另一峰值的途中必然会在最大可达绩效方面下降。再次参考图 5：如果组织无法立即从 X 转变到 Y，而是要探索其间各点，绩效就会下降。这样的探索体现出来的可能是无法立即改变人员、流程和文化。即使公司能够实现巨大的跳跃（这意味着突然改变所有事情，包括价值观、准则和名声！），除非在跳跃时非常准确，否则它很可能降落在与另一峰值有一定距离的地方。那么绩效就不会与所预期的完全一致。

而且，有理由预计处于巨大变革中的公司甚至会无法实现其未得到完全协调的组织可达到的最大绩效。因此，绩效会处于曲线之下，而非曲线之上。首先，组织的资源和精力从完成工作被分散到了考虑做什么和如何做上面。其次，即使"做什么"得到确定后，也不太可能全力以赴地付诸实施。更改已确定的行为方式意味着要学习如何以新的方式进行操作以及如何和新的人员沟通不同的东西，而这很可能是非常缓慢且高成本的过程。再次，对可能会危害到组织中某些人的地位、权力、特权和工资的变革会遇到阻碍，而这些阻碍会进一步降低绩效。变革几乎一直都是对组织中至少一部分人的威胁。它有可能会危害到曾主导过去行为的隐性约定、消除所允诺的奖励；颠覆已有的权力分配；损害已有技能和职位的价值；使得员工有可能失去自己的工作和职业。在这样的环境下，人们很可能会强烈地抵抗变革，至少会消耗掉大量自己和他人的时间来担心将要发生的事情，从而使得正在进行的变革成本巨大。

还有，变革的预期会创造影响资源、权力和奖励重新分配的机会，公司的成员可能会有各种动机试图确保自身以及其联盟处境良好。他们会花费时间和资源进行活动使变革朝向有利于自己的方向，而且他们会故意错误地表达信息以使决定按有利于他们的方式发生扭转。所以，仅仅将变革放到日程上会产生在其他情况下不会产生的影响成本。这可能意味着，有意义的变革（暂不考虑组织政治）在实际情况下会被拖延或变得无效。

该逻辑显示了变革在危机情况下更易完成的原因。阻碍或者试图影响变革形式和方向的利益取决于公司的持久存续。于是，日益恶化的前景以及可能破产的威胁会减少战略和组织变更所引发的影响成本。这意味着在公司运营状况良好的情况下不值得尝试的变革在公司存续有危险的情况下反而能够得以实施（Schaefer, 1998）。

紧密耦合和松散耦合

组织变革的困难表明，能够在各种环境中实现合理绩效的组织设计存在一定的价值，即使其与当前的环境不一定非常合适。该因素引发了设计问题中的权衡。在特定环境的静态背景下，解决设计问题主要包括认识到各种特征间的互补性以及调整设计的各方面以利用它们。在认识到环境内在的不确定性时，设计者必须决定联结设计各不同方面的松紧程度。对于"紧密耦合"以至于改变设计或环境的任意方面，除非众多其他方面也进行调整，否则会严重影响绩效的系统。当所有都按计划进行时可能会起到非常好的作用。战略和结构选择间以及与环境的紧密耦合可产生非常好的绩效。但在当无意或者未预见的改变使得有些选择变量发生改变或者使得之前的选择不再与环境匹配，致使所有事情失调时，危险就产生了——不仅绩效会受到严重的损害，而且寻找新的模式会很困难，执行新模式则更加困难。

因此，在环境变化或者组织的自发性变化容易发生时，不那么最优化的、更"松散耦合"的设计适应性更强并更受青睐。在这种情况下，可在有需要的地方进行调整且维持了绩效，而无须承受整个系统进行大规模重组的成本。

例如，标准流水线是紧密耦合系统的终极案例：生产线上的任何人都不能在不影响其他所有人的情况下降低自身的工作速度。凭借在生产流程的不同步骤间保持在制品库存，林肯电气设计的耦合度相对更为松散。维持这些库存成本非常昂贵，如果每个人总是以稳定的速度工作的话，库存水平就可大大降低。但因为它使个体可在长时间工作中改变工作速度，因而非常有用。一般学术部门的研究项目的耦合度则基本为零：一位教授的作为或者不作为可在基本不影响其他成员活动的情况下进行改变。当然，使这些学者聚集在同一部门中在研究方面几乎没有什么直接收益。

这些理念为日本在 20 世纪 90 年代早期以来所经历的困难提供了解释。在整个 20 世纪 80 年代中，日本经济和日本主要大公司的显著标志就是一个由各种互补性所组成的密集、复杂的网络，其范围从人口统计学和文化延伸至国家政策以及公司设计和管理，这是国家经济层面上的紧密耦合案例。[6]关键的要素是促进和支持日本经济高增长率和储蓄率的公司运营方式的发展取向。而反过来，对公司长期存续和发展的重视又与永久雇佣政策、对人力资本的巨大投资以及与长期供应商的关系相符合。重视发展胜过利润这一取向得到了管理制度的支持：制度中股东权利甚少，董事会完全由内部的执行董事控制；融资由支持长期发展的附属银行进行；而且政府限制日本国民在国外投资其储蓄。社会态度使制度合理化，比如，重视努力工作、对雇主的忠诚、国家走出战后贫困并实现发展，以及强调储蓄胜过消费等。模型中的每个要素非常适应彼此，整体上又与当时的环境完美匹配，在数十年中实现了卓越的经济绩效。

之后，一系列打击接踵而至。日本的技术达到了前沿水平，已无法再依赖技术净进口促进增长。人口增长减缓且开始步入快速老龄化阶段。成功的公司进入欧洲债券市场进行融资，使得各大银行部分关键传统业务丧失，迫使其向房地产行业发放贷款。贷款又推动了 20 世纪 80 年代末资产价格泡沫的产生，而后又在泡沫破灭之后变成坏账。社会态度也发生了变化，人们为公司和国家的利益进行工作的意愿降低。国外对贸易的政治压力增加，而这意味着经济增长不再能那么容易地通过出口实现。原有制度在所有维度上都假定了事物的运行方式，而现在它们已经改变。其他的因素，包括发展取向的战略、永久雇佣制度、主要为了其永久雇员的利益而运营的公司、取代股市进行监控的大银行以及监管管理的外部董事等等，都不再合适，绩效降低受损到目前为止已经整整十年了。改变模式中的所有因素并寻找有效的新模式绝对不容易，在无人有权担任策划者的民主国家尤其如此。的确，等领导们意识到问题不仅仅是宏观经济的问题，而是根本结构的问题时，已经过去很长时间了。日本现在仍挣扎着寻找新的出路。

第2章 组织设计的关键概念

事实上，公司可以改变其组织设计各不同要素的耦合松紧程度。有些要素，如财务控制或IT平台，可在整个公司中实行绝对标准化，不允许变动。同时，市场或人力资源的实践操作则可根据不同的地理位置进行改变以应对爱好、市场条件以及法规的地区差异。实际上这种多样化的耦合可能是最佳的。问题是，哪些部分应该紧密耦合，哪些部分可以完全不耦合，以及松散耦合的松散程度应如何才能够适应变化。

组织设计中耦合的紧密程度在动态的背景下还存在第二种效应。它影响的不仅仅是绩效随环境变化而改变的方式，还有公司学习和改进的能力。在组织中的学习包括某种程度上完全不同的三个过程。第一个过程，因为肯定会有变化，所以需要鉴定新的选择。这可通过组织自身的实验或者通过观察其他组织所做的事情实现。如果涉及新的或改进的产品，内部的实验很可能会在实验室或者产品开发中进行，但是它也可能在公司的不同人和小组尝试解决出现的问题或者实践新想法时就产生了。然后是选择的过程，即确定新的选择是否的确比当前的方式好。最后，如果已确定有更好的方法，那么新的方式必须进行转化并保留在组织中。

显然，设计的耦合越松散，组织各方面的变革实验就会越容易。的确，因为公司的不同部分面临不同的机会和挑战并在不同的环境中运营，如果各单位能够充分脱离中央对其结构和日常事务的强制式控制，变异就会自动产生。因此，松散耦合能够促进变异。

但是，松散耦合使得选择和转化过程更为困难。在组织某一部分起作用的新事物在采用其他惯例以及很可能崇尚不同文化的另一部分是否同样会起作用将很难确定。而且，如果组织的不同部分都允许实行自身认为最佳的操作实践，那么，使其采用新的操作或者产品会比中央可简单地命令其必须实施当前所确定的最佳操作的情况困难得多。

因此，在确定严格或松散耦合的理想程度上存在第二种权衡。不仅仅要在特定环境中获得最佳绩效与在面临战略和组织变化时做得更好之间进行权衡，还需要在其是否支持学习方面进行权衡。强制依照当前所确定的最佳操作进行运作且其操作手册一直得到遵守的公司可能会难以改进该最佳操作。而允许更多变化的公司在其运营过程中的任何时间点上都很少会使用最佳操作，但是平均而言，它们可能会做得更好。

由此，我们现在就有了一种考虑现代企业中的战略和组织的方法。成功必须有与彼此以及与环境一致、匹配的战略和组织。但是,环境的变化意味着需要改变战略和结构:对于设计问题并没有统一的答案。我们知道变革是困难的,也知道为何如此的部分原因。但我们同样知道,选择应该是连贯的系统,而不是单个的政策或特征。这就解释了为何各公司在最近数十年中所采取的变革都是有一定模式的:它们并非是随机的,而是包括一系列旨在创立组织设计的新的内在相互匹配的模式的整体性措施。

注释

[1] 该定义中隐含了这样一个要求,即,从事更多的某一项活动不会自动地阻碍从事更多的另一项活动。要注意,互补性与正向溢出效应在概念上是不一样的。正向溢出效应指的是,从某一项活动中所获得的总收益(而不是增加该项活动所获得的收益)随着另一项活动水平的增加而增加的现象。

[2] 关于调查和更多的参考文献,参见 Brynjolfsson and Hitt(2000)。

[3] 他们的目的是要设置这样一个工资率,在这个工资率下,如果工人按标准速度进行生产的话,那么他将获得一个与该地区的标准行业工资相比具有竞争力的薪酬。

[4] 这些论文还以更正式的方式发展了大部分有关互补性的理论。其中,1990年的论文中包含了正式的数学陈述和对关键结果的推导,而1995年的论文中则提供了更容易理解的言辞表述。

[5] 关于这些观点的正式模型,参见 Nickerson(2003)。

[6] 关于更全面充分的讨论,参见 Milgrom and Roberts(1994);关于某些观点的更浅显易懂的原始资料,参见 Milgrom and Roberts(1994:349-352)。

第3章 公司的本质与宗旨

　　为什么会有公司？其本质和根本的宗旨是什么？对这些看似非常学术的问题的答案实际上具有重要的实践意义。我们的目标是要了解工商企业的设计问题，并获得一些对我们所看到的公司组织和管理模式的部分变革的深入见解。清楚地了解公司是一种制度这一本质和宗旨是实现所期望目标的基础。

　　针对第一个问题的回答就是，公司是为了协调和激励人们的经济活动而存在的。如果亚当·斯密（1776—1937年）在其著名的对制针厂的讨论中所提到的，规模经济和学习效应表明，如果个体能够使其生产活动专业化（即社会分工），那么效率可大幅提高。但一旦专业化，人们彼此间就会相互依赖，因为没人能够独立生产哪怕是其生存所需的所有东西,更不用说是健康成长所需的东西了。确实,在现代经济中,大部分情况下个体在其岗位中实际上生产不了任何其自身想消费的东西。相反,他必须交换他所生产的有限东西以获得大量他实际想要且由别人生产的货物和服务。这种相互依赖性意味着必须要协调不同个体的活动并激励他们。

协调在最低程度上是指所有所需的任务在不进行无用重复的情况下得以完成。在稍微高一点的程度上,则是力图确保任务由合适的人员以合适方式在合适的时间和地点高效地完成。在最高的程度上,完全的协调要求实际正在进行的任务应是正确的任务。在公司背景下,这表明战略所指示的活动是以成本最小化的方式进行,且战略的实施可创造尽可能多的价值。寻找协调问题的解决方案很明显是项重大的任务,即使是在相对简单的背景中也是如此。整体经济的协调是个令人难以承受的复杂问题。

激励也是一个问题,因为从个体或群体的自身利益出发,不一定会自发以有利于高效解决协调问题的方式进行活动。一般而言,我们可预计人在某种程度上是自私的。这并不是在否认利他因素,而是要说明纯粹的利他主义是不可能的。大部分人在大部分时间想要获得更多其所重视的东西,虽然这么做他们可能会使得他人无法获得这些东西的利益。而且,他们会尽可能地避免经济活动的成本,即使其他人因此会不得不承受某种程度上更高的成本。在存在相互依赖性的情况下,个体获取更多利益以及避免成本的企图,相比另外的行事方式,会使所有人,包括其自身处于更糟的处境。那么,问题就是要激励人们,使其选择有利于解决协调问题的方式进行活动。

当然,如亚当·斯密还提到过的,对于因专业化和劳动分工的相互依赖性而产生的协调和动机问题,市场是非常卓越的解决机制。市场体制让个体追求(狭义上的)自利行为,但同样通过个体支付和接受的价格主导了他们的选择。

运作良好的市场使人们间的相互依赖性得到充分"内化"。相互依赖意味着一个人的选择和行动会对其他人产生影响。自私的行为可能会导致低效,因为决策者只考虑自身行动的成本和收益,也就是那些他亲身体验的成本和收益。但在运作良好的市场中,每个人都被引导着全面考虑其行动的所有成本和收益,不管其针对的对象是谁,因为这些成本和收益已在他所面临的价格中体现出来。运作良好的市场中的价格同时反映了增加一单位物品对买家的收益以及对卖家的成本。于是，价格导向的选择可以使这些边际成本和收益达到平衡（若要有效率，这是必须的）。本质上，市场价格中已经包含了所需做的事情、时间、地点、方式以及做事的人员等方面的信息。由此，市场无须任何有意识的中央规划或控制就能够达到很高的协调度。

事实上，经济理论的核心成果之一就是证明了，如果所有相关的市场都存在且具有竞争性，那么因完全的市场清算而产生的资源配置其实就是一种高效的配置。即，经济活动的任何一种重新安排都不会得到全体一致的偏爱。相反，对市场所生成事物的任何改变都会损害到至少一个人。

而且，市场对创新、投资和努力提供了强有力的个人激励；它们只需要对机遇、需求和资源进行最少的正式沟通；它们提供了无与伦比的个人自由以及自行决定权。使用市场进行协调和激励的有利证据很多。

另外，如诺贝尔奖获得者罗纳德·科斯（Ronald Coase，1960）已提出，即使不存在正式、有组织的竞争性市场，相互依赖的各方间的直接交涉商谈也能够产生同样高效的结果，且在这种情况下也无须有意识的中央规划和控制，而且每个人也是只在追求个人的利益。其中的逻辑很简单：假设所有受影响的各方能够自由地会面和交易且无法达成共识的后果已经明确（例如通过可自由实施的产权），那么不同各方有充分理由达成上述意义上的高效协议，也就是使得任何一方都不可能在不损害其他方利益的情况下变得更好的协议。否则，通过修订交易可获得更多的收益。

但是，如果不同各方间的自发交易如此有效，我们为什么还要使用公司来协调和激励经济活动，特别是如此广泛地使用公司这一形式？毕竟，如诺贝尔奖获得者赫伯特·西蒙（Herbert Simon，1991）所提到的，即使是在最市场导向的经济中，也存在大量在受管理的正式组织中进行而不是通过市场发生的经济活动。事实上，约翰·麦克米伦（John McMillan，2002：168-169）估计，在美国经济中大约只有不到三分之一的交易是通过市场进行的，而超过70%是在公司中发生的。协调和激励主要通过公司进行，而不是通过价格系统或者个体自行进行的交涉谈判，这是为什么？

答案的依据是由另一位诺贝尔奖获得者肯尼斯·阿罗（Kenneth Arrow，1991）提出的。阿罗的答案是，有时候市场不起作用，即存在市场失灵的情况。可能会发生的事情是：市场无法存在、不具备竞争性或者不清晰。在这种情况下，人们的相互依赖性不能够被充分内化——个人的自利行为并不考虑他人承担的成本和得到的收益。结果，资源配置中仍无法产生能够使所有各方得益的可能改变。当市场无法产生对协调和激励问题的有效解决方案时，协调和激励的其他机制可能会更好并能对市场进行补充。公司就是其中最重要的替代选择。[1]

根据这一逻辑，当公司表现出其自身是比市场更好的协调和激励模式时，经济活动应在公司内进行。为了解何种情况下最可能如此，我们需要了解市场失灵的本质以及在何种情况下可期望公司会起到更好的作用。

市场失灵的原因和本质[2]

宏观经济学确定了多种市场可能失灵、因此可能更偏向其他安排的情况。最常见的情况包括垄断或其他形式的非完全竞争盛行的情形（不管其是通过合谋还是因进入壁垒或限制竞争者数量的法规而产生的）。在这种情况下，为提高利润，供应一般会受到限制。这会损害效益，因为更高价格导致的消费者损失以及不可避免的剩余一般会超过所产生的垄断者额外利润。如果被垄断货物的内部供应相当合算，那么内部采购对消费者而言可能更好。

公共物品是市场不起作用的另一传统例子。公共物品是一方的消费不会减少其他方可用数量的物品。确实，在极端情况下，向一个人供应物品可能要求该物品向所有人都提供。第一种特性被称为消费的非竞争性；第二种特性被称为非排他性。非排他性公共物品的一个例子就是国防：如果某一地区中的一个人得到，则所有人也都得到了。电视广播是非排他性公共物品的另一例子。一个人收看并不会减少其他人可接收到的信号，所以消费并不具备竞争性，但信号的频率可进行加密编码以阻止无解码设施的人收看。对公共物品而言，简单的市场安排起不到良好的作用，因为一个人的购买会使物品自动向所有人开放（在非排他性情况下），于是就会出现对他人的贡献搭便车的情况。反过来，驱使个人决定购买或者提供公共物品的个人收益仅是总收益的一部分，这就会导致供应不足。非排他性公共物品的低效益在于，为了促使人们为物品付钱，已花费资源用于阻止未付钱者享用收益。然而事实上，物品一旦产生，这些额外收益就可以在不

第 3 章 公司的本质与宗旨

向任何人产生成本的情况下向所有人开放,由此在无直接成本的情况下增加这些物品可实现的总收益。

因为信息通常具备非排他性公共物品的特征,可以预计信息市场也很可能会出现问题。事实上,在出售信息方面,这一问题特别严重。买家如何评估所提供信息的价值?对于私人物品,他可以进行检查和试用。但是如果信息的卖家提供此类选择,买家就可以免费获得其价值,因为信息不能在买家拒绝付款后收回。有时候信息可以进行编码和打包使之更易排他。例如,可允许潜在客户试用数据库或计算机程序,若客户不同意付款,就可收回样本。或者,可创建和执行专利。但整体上问题仍存在,效率也比较低。

公共物品是外部性的极端形式。当个人的行动影响到他人的福利且其在决策中没有动力去认识到这一影响,因此在选择行动时未考虑所有的成本和收益时就会出现外部性。因为这个原因,外部性会导致低效率。与此类选择有关的经典例子就是,决定驾着具有污染性的交通工具通过拥挤的道路去工作。但是在商业上也会出现外部性。例如,存在这样的危险:不同的企业部门不好好使用所有人都可用的公司公共资产,如公共品牌。因为使用品牌的人均可享受到保护品牌带来的好处,而采取行动保护和创建品牌的成本却仅由单个的单位承担,所以投资进行品牌创建和维护的激励不足。

科斯的观点,即直接的交涉可取代无人情味的市场交易实现高效,就是明确针对外部性问题的。他提到不少例子,如火车产生的烟灰提高了在室外晾衣服的洗衣店的成本,火车的火星会引起火灾(Coase,1960)。科斯论述道,如果能够很好地确立和实施财产权,那么交涉商谈可获得高效的结果。例如,如果火车所有者有进行污染的财产权,但减少排放的成本要比洗衣店重新清洗染上灰尘的物品的成本低,那么洗衣店就会向火车拥有者付钱使其减少污染。类似的观点适用于垄断的例子:垄断者没有理由采用损害价值的行为。相反,让他和潜在的客户进行交涉。如果科斯的观点适用,那么各方会实现高效的结果。

于是,问题就在于,为什么此类交涉会不起作用。这部分是因为,确认相关方并将其召集到一起、制定条款而后实施协议是存在成本的。这些事情大部分又与信息问题联系在一起。事实上,最近的研究已相当关注信息问题,甚至已将其视为市场或交涉失灵的原因。最先对该问题进行研究的人——詹姆斯·莫里斯、乔治·阿克洛夫、迈克尔·斯宾斯、约瑟夫·斯蒂格利茨都因其贡献获得了诺贝尔奖。

还有一类特别重要的情况也会导致市场失灵，那就是当不同各方间存在信息不对称的时候。例如，假设潜在的卖家所获得的关于其所提供物品的质量的信息比买家更全面。举个例子，考虑一下二手车。原车主与车辆的体验使其要比潜在的买家更了解汽车的质量。那么，买家应警惕自己不要被骗，用高价买一辆实际上质量较差的车（"次品"），因为质量较差物品的卖家可能会利欲熏心，虚假陈述他们商品的质量。因此，买家会花费资源确定卖家所提供的物品的质量，而产品质量较高的卖家会尝试证明其真的拥有质量良好、值得更高价格的产品（Spence，1973）。所有这些活动都有成本但没有直接产生价值，所以也导致了相对不那么有效的分配。

低效率可能会比浪费资源进行筛选和证明质量更严重：交易可能会完全失败（Akerlof，1970）。如果不可能消除信息的不对称，那么买家会拒绝支付比货物预计价值更高的价钱（根据他们预计会提供的不同产品质量水平的平均值而定）。而后，卖家可能根本不会提供最高质量的货物，因为它们只能获得并不能反映其真实价值的中等价位。结果，实际所提供的货物的质量分布情况要比可能可提供的更差。因为对所供应产品的选择并没有代表真实的质量分布，相反是逆向选择代表了[3]，因此买家会理性地进一步降低其付款的意愿。而后，更多质量相对较高物品的潜在卖家将不再愿意以更低价格出售物品。总的结果可能就是只提供质量非常差的物品，也就是次品，高质量产品的市场无法存续，虽然买家急切地想要这样的货物，且在确定自己可以获得物有所值的物品的情况下，非常愿意为其支付足够的价钱偿付卖家。

可引起市场失灵的信息不对称的第二种形式涉及对观察他人行动并由此确定其是否遵守协议的能力缺陷。这引发的是道德风险的问题。[4]球场上的销售员到底是在拜访客户还是在打高尔夫球？一个脑力工作者是真的在考虑工作问题还是其他东西？我的律师向我提供的是可靠的、最好的工作还是敷衍的、半心半意的工作？当个体已收集并据以行事的信息无法被其受益人观察到时，就会产生类似的问题。我的经纪人对交易的建议是否真的好，还是他只想获得佣金？医生拒绝为我做可能的治疗是因为该治疗真的不值得还是因为保险公司不愿意为其买单？

第 3 章　公司的本质与宗旨

在这种情况下，各方无法签订直接针对其所关注问题的合同，因此与此直接相关的货物和服务的市场也无法存在。各方不得不满足于间接且不准确的绩效测量和关于替代性指标以及标志（而不是直接关于创造价值的选择和行动）的协议签订。这会导致各种低效率：误用的精力、风险的错误分配、低效且低水平的努力、在监督和控制绩效测量上的花费等等。（我们将在第 4 章详细说明道德的问题。）

将易于遭受逆向选择和道德风险问题的交易从市场中剥离出来，置于其他组织形式下，并不会自动解决问题。市场交易运作不良这一事实并不意味着其他安排会比市场做得更好且值得探索。

许多近期研究将注意力集中在执行协议的另一问题上。虽然在直接受影响的、阻止针对相关变量进行约定的各方间不存在信息不对称，依赖第三方执行合同要求各方必须能够确定协议是否会被违反。很容易想到此类外部可验证性有问题的情形：协议双方可能完全了解彼此已做的事情，但仍无明确的方法向彼此证明事实。在这种情况下，有内在相互匹配的选择。要么能够就无法进行验证的事宜达成有用的协议，否则协议必须是"能够自行执行的"，也就是说，即使不存在通过外部执行一般会产生的激励，各方也必须因自身的利益遵守协议。仅仅是类似市场的安排很少能提供此类自行执行选择。

在某种程度上与之相关的是承诺问题。当契约的履行成本很高时，就会出现这样一种情况。履行成本可能包括律师费、诉讼费和管理人员的时间，在有些情况下，这些成本可能会超过胜诉可能获得的收益。如果协议各方无动机坚持执行协议，协议会再次失去效力。如果执行成本很高，双方可能会因惩罚违约而受损。因受害方缺乏对违约方实施处罚的特定手段，有些违约就不会得到惩罚，结果导致无法阻止这些违约。这反过来会影响到协议可达到的效果。[5]

在根据协议进行的行动改变了坚持余下条款的激励的情况下，会出现更微妙也更为重要的承诺问题。这可能会导致出现双方都乐意重新进行谈判的情况。但是，如果双方知道可能会进行重新谈判，那就会影响遵守原协议的激励。例如，假设为激励某位员工，员工的报酬高度取决于其绩效。再假设绩效并不是完全由员工控制，而是还受到不可控的随机变异的影响。在工作已完成但还未实现结果时，让员工承担这一规则（使其报酬取决于其绩效）所产生的所有风险将不再有价值。这时没有更多要激励的东西，但是，如果员工不愿承担风险而公司属于风险中性（这种情况很有可能），那么员工继续面临报酬风险的成本将很高。员工和公司可通过用在某种程度上比原报酬预计价值更低的、确定的报酬取代原报酬来使双方都获益——公司如预期那样节省了金钱，员工规避了风险。但是，如果员工预料到很可能会出现此类重新谈判，那么最初他就不会积极努力地完成工作。

虽然在该例中双方都乐意重新进行谈判，但也有实际上被迫进行重新谈判的情况。例如，假设两家公司签订了供货协议，期间买家因为没有其他供应商能够满足其需求而受困于与卖家的交易。因此，卖家可使用其权力套牢买家，强迫对原有的协议条款重新进行谈判以剥夺卖家在供应关系开始时所预想的众多收益。该交涉的成本可能很高，也可能导致供应关系的破裂。而且，如果预计到会有投机式的重新谈判，那么供应关系根本不会形成（Williamson, 1975；Klein, Crawford and Alchian, 1978）。

这里的困难源于无法做出不进行重新谈判的承诺。为什么会有这样的承诺问题？在第一个例子中，法院（至少在美国的法院）不会在合同中执行"不得进行重新谈判"的条款——如果各方同意重新谈判，他们可自由进行而不管他们原先达成的协议。是否有人会希望制定这种政策有一定问题，但即使没有问题，阻止重新谈判也可能很困难。在很多情况下，如果重新谈判是互利的，没有第三方会有兴趣强制执行之前的协议，且立约方也不会想这么做。

而且，因为任何实际的合同必然是不完备的，很可能会出现在原合同条款中未预见的情况，这就需要进行某种事后谈判。合同的不完备性可能有很多原因。如果第三方执行者无法验证行动或结果，对其做出明确的协议就没有意义。有限的理性使得各方无法预见所有可能发生的偶然事件。协商协议中针对被认为不太可能发生的偶然事件的条款的成本会使得这些条款从合同中省略，自然语言的内在缺陷也使得无法明确说明这些条款。在任何这种情况下，在特定情况下都可能需要进行事后重新协商。这意味着，禁止无条件重新协商存在成本。同时，区分何时应允许与何时应禁止重新协商是非常成问题的。[6]

一般而言，如果合同无效或者市场无法存在，那么它们显然不能够引导有效的资源配置。科斯所提出的交涉在不存在有组织的市场的某些情况下可能会是个解决方案。但是，影响市场发挥作用的信息不对称也会干扰交涉，使其无法达成完全有效的协议。[7]同时，在很多不完全竞争或公共物品的情况中，组织所有相关方进行交涉以及执行所有达成的协议的成本会大得惊人。

在市场不起作用时，会创造出其他运转很好的制度，公司就是这样一种机制。

公司与市场

何种情况下公司会比市场更好？当前经济学家对该问题答案的理解大部分是来源于罗纳德·科斯研究工作的另一要素。大约70年前，科斯（1937）明确提出了下面这个问题：为什么有些经济活动通过市场交易展开，而其他经济活动则是在公司内的等级权力关系下进行组织？他的回答是，组织经济活动、实现协调和激励需要成本，而节省这些交易成本就是采用组织模式的原因。特别地，当公司组织成本更低时，交易会脱离公平的市场契约，进入公司中。因此，我们要理解公司边界，以及在更一般的情况下，所观察到的当前有效的、能够创造最大可能价值的组织设计模式。

科斯所提供的答案至少有两个方面需要详细阐述。其中一个是为什么效率，而非对垄断权和垄断利益等的追求决定因素。第二方面是交易成本的起源与本质。[8]

效率观点的依据为，如果安排无效率，那么（从定义上讲）是否可能使每个人都变得更好？不仅仅是增加总的财富，而是实际增加每个人的份额。假设能够确定可能的改进并分享收益，我们应会期望此类改变的发生。如果一种安排持续存在，有理由认为其是有效的，至少对于那些从中获得自身利益的各方来说是如此。[9]

该论点，即我们观察到的所有事情都已尽可能最佳，看起来可能过分乐观了，但是因为存在重要的先决条件和微妙之处，所以它看上去不是那么有问题。

首先要注意到，相关各方要能够确认所有潜在改进这一要求限制了最终能实现哪些。因此，实际安排的效率受到了信息和观察局限性的限制。

其中一个例子就是上文提到过的逆向选择的"次品市场"问题。信息不对称的结果可能是只有最差的汽车被供应和出售，虽然存在许多能够使交易双方都更好的交易。交易的收益未能实现，因为信息不对称阻碍了对收益大小的确定以及以令人满意的方式分享收益。所以该情形实际上可能是能够实现的最佳结果（条件是我们继续尊重私人财产并允许双方决定其自身是否愿意进行交易）。因此，我们所用的词"有效率"是狭义上的，虽然这主要是说明了"效率"这一概念实际上是多么微弱，或者信息的局限性是多么有约束力。

类似地，没有必要把在达成协议过程中的罢工和其他高成本的延迟视为低效率的浪费以及反对效率假设的证据。相反，可将它们理解为在某种情况下可用于向各方可靠地传达协议价值的最佳选择（Kennan and Wilson, 1993）。例如，公司愿意承受罢工就表明协议并没有人们认为的那么有价值。因此，工会知道自身无法获得原先所想的那般高价的解决方案。因为如果协议真的对公司非常重要和有价值的话，公司会非常急于解决问题。

现在我们来看看第二点：成本价值的本质。在市场环境中，交易成本是寻找和鉴定交易合作伙伴、确定规格和价格、协商和起草合同、监督和执行协议的成本。它们还包括因很难在不同各方间制定可执行的完备协议而引发的损失收益的机会成本。

在更大的范围中，已探讨过的信息和承诺问题也是使用市场的交易成本。但有一个特别的例子在该领域的研究中拥有非常重要的地位。该例子涉及套牢和专业化的投资（Williamson, 1975, 1985; Klein, Crawford and Alchian, 1978）。

威廉姆森（1975）提出，许多商业交易涉及了"困住"：虽然最初时有众多的潜在交易合作者，但是一旦选择了合作者，双方开始合作，双方之间的关系就发生了"根本转变"——一方非常难以更换合作者。在这种情况下，如果合同不完善，那么双方可能会不得不在"困住"后进行协商。在最好的情况下，这些协商可能成本非常高且条件比较苛刻。而且，这向一方提供了获取比其根据原协议应得收益更多的合作收益的投机机会。交涉的成本以及如果交涉失败和不再合作会丧失的可能收益都是与另一方进行交易的交易成本。

在资产专业化的情况下，被困住实际上是不可避免的。如果一项资产在其次要用途中所产生的价值远低于其在当前用途中产生的价值时，资产就相当于是专用于该特定用途。例如，生产中用于给材料塑形的模具就只针对一种用途：如果它们不用于该目的，那么就只是一块废金属。公司专用性人力资本，即那些只在应用于特定公司时才有价值或特别有价值的知识，就是另一个例子。当资产专业化时，它们就容易被套牢：商业合作者会试图占用资产的所有者在投资时所期望的部分收益。这会导致各种低效率。

假设有两家公司有机会进行交易，但是卖家需要进行的特定的投资以便用尽可能好的方式满足买家的需求。一旦进行投资，成本就沉没了。这意味着，即使卖家最终得到的价格被降到了可变成本水平，因此几乎无法收回投资成本，撤出交易不再服务于买家也仍是不值得的。原因在于，无论是何种情况，都必须承担沉没成本，而资产已无其他好的用途。那么，资产的部分收益就变成了准租金，在资产的当前用途产生之后，需要用超过准租金的收益维持资产的当前用途。[10] 因此，卖家易遭受被套牢的风险。

如果有事先的合同，但其不够完备，需要在投资完成后对条款进行协商，那么对于条款的交涉商谈就很可能无法给卖家的投资提供保护。这是因为沉没成本与确定合作或者中断关系能够创造多少价值无关，而后者才是各方实际进行商谈的事情。即使条款在名义上提前进行确定，买家仍可能因利润强迫进行交易条款的重新协商，占用卖家原本想享用的部分准租金。这是很可能发生的，因为卖家几乎没有可求援的地方：拒绝重新协商并终止交易将使其只留下几乎无价值的资产。同时，强制进行重新协商可能相当简单。例如，买家可声称商业条件已改变，应使用更低的价格；或声称难以接受服务或质量；或者根据特定环境以任何其他事情作为借口。

因此，卖家无法期望获得其所进行的特定投资的收益。预计到这一点，卖家可能就不愿意向特定的资产投入资源。例如，如果因卖家要了解买家的特定需求而产生特异性，卖家可能会花费较少的人力物力去做这种了解，由此能在被套牢时遭受更少损失。于是，只创造了更少的价值。反过来，卖家可能会将资源投资到针对所预期套牢的防护上面。使资产用途更灵活，降低重新部署的成本，就能预防被套牢。这是种浪费，因为资源被用于提高资产在其不应使用的用途中的价值。[11]

该问题的一个解决方案就是卖家提前支付部分投资成本，本质上就是买家提前支付之后会被其占用（或误占）的资金。这会起作用，但是，条件是肯定会执行要进行投资这一协议。否则，只要在之后会重新协商条款，卖家就可能侵吞买家的钱，只进行对自己最有利的投资。另一解决方案就是使交易在单一公司内进行。根据经验来看，这是进行垂直整合的重要原因之一。[12]但是，如我们即将在下文中看到的，在很多方面，这样做的成本会很高。由此可见，执行问题在市场中会产生交易成本。

那么，在公司内组织经济活动的交易成本有哪些？这到现在为止仍是个有争议性的问题。人们首先想到的可能是在阶层之间上下传达信息的成本、总部/高层信息过量造成的成本，以及依据有限且可能过时的信息进行过慢决策的成本。但如多部门模式的发明者所发现的，组织分权化有时是应对这些现象的有效方法（Chandler, 1977）。（一般而言，不相信对低效率的各种辩解是个好主意：管理人员其实非常善于创新更好的方式从而更有效地进行经营！）

在这点上，奥利弗·威廉姆森（1985）已指出，选择性干预是对集权式等级制公司组织形式的所有内在不足的应对。该理念就是，应在公司内应用市场的运作方式，只要这能够产生效益。同时，高层管理者对各次级单位以及它们之间的关系进行选择性干预，条件是干预能够产生比市场交易更好的结果。

如果选择性干预起作用，那么将所有东西都放到一家巨型公司内也能够有效率。然而，即使是原苏联经济的理想主义者也从未幻想集权化如此极端的系统。必然有东西会阻碍选择性干预的有效应用。

对此观点的一种回应就是，相比各单位为私人拥有的情况下，在单一的整合公司中不可能产生同样强的激励。在这方面，威廉姆森自己提出，虽然向员工许诺强有力的激励很可能与向外部承包商承诺一样简单，但其在可信度方面却很难做到。问题在于，雇主控制着绩效测量[13]，而且很可能因利益而对其进行伪造。在员工干得很好且应得到大量报酬以及在员工做得不好但表面上已投入大量努力时都会发生这种事情，而在后一种情况下，雇主可能过于宽宏大量了。任一种可能发生的事情都减弱了实际的激励，并同时表明公司无法达到市场可以实现的高效率。

该论点明显建立在进行有效缔约的难度上。对名声的关注有助于解决该问题。此外，在有些情况下可使用第三方监控和审计。例如，英国石油公司使用"自助"数据：实际上，收入的提高并非源自原油或者汇率的变化，而是其绩效报酬。而后公司雇用外部的审计人员检验自身所计算的自助数据的准确性。在这里，可能会出现非常有趣的股权分拆上市和追踪股票的现象。例如，Thermo—Electron 公司公开向公众出售其经营单位的股本以"将绩效评估外包"。外部的股权投资者非常积极地担任监督者，因为他们自己的资金处于风险之中，他们产生的股价成为低成本、客观的绩效测量，这比内部生成的绩效测量具有更高的可信度和真实性。

公司理论的"财产权"方法，由桑福德·格罗斯曼和奥利弗·哈特（Sanford Grossman and Oliver Hart，1986）以及哈特和约翰·摩尔（Hart and John Moore，1990）提出[14]，它指出了在综合的大型组织中更难提供有力激励的另一原因。这在考虑所有者经营的公司时最为适用。假设此类公司正被出售给一位行业购买者。如果关系中断，上游公司的所有者将仍拥有其公司的资产（机器、品牌名称等）且能够以他看起来合适的方式重新配置这些资产。与之相反，假设是客户拥有资产，现在是上游公司的经理作为雇员在管理与原公司对应的经营单位。如果现在关系崩溃，经理将不再拥有资产。

如格罗斯曼、哈特和摩尔所述的，这一差异影响了双方在分配其合作所创造的价值时的相对地位。（假设无法提前使用合同规定的价值分配，其必须在创造价值后通过交涉商谈确定。）因此，资产的所有权决定了各方所得到的最终收益。

这些最后的收益又会反过来影响各方对公司/经营单位资产进行补充投资的动机强度，如学习如何更有效地使用资产，或者发展能够增加买家使用资产的服务所生产的货物的价值的品牌。获得更大份额的收益能够促进投资以获取更多的收益。因此，谁拥有资产影响到了投资以及由此创造的价值。如果有两家独立的公司通过市场发生相互作用，供应商拥有资产，那么供应商就会有强烈的动机进行投资，但是买家的动机就较弱。如果存在垂直整合且买家拥有资产，那么雇员型经理的投资动机较弱，虽然此时买家拥有较强动机。因合同不完备，不太可能给员工提供与所有者一样的激励。[15]

应注意不完备合同对该理论成立的重要性。如果有可能结成协议，那么所创造价值的分配可通过合同确定以提供激励，或者，甚至投资本身也可通过合同进行管理。（在这点上，格罗斯曼、哈特和摩尔的理论与在上文中所论述的套牢分析相似。）而后，可在公司内部提供与公司外部一样的激励，公司的所有权和界限已无关紧要。

本特·霍姆斯特姆和保罗·米尔格罗姆（Bengt Holmström and Paul Milgrom, 1991）提出，问题不仅仅是所提供的激励是否够强，还在于提供的激励是否得到恰当平衡。详细情况在他们关于代理关系的多任务模型中进行了阐述（这将在本书第 4 章中进行详细探讨），但是他们的理论主要是依据两个观察结果。第一，他们注意到，一般而言，个体在花费时间上存在多种方式，其中大部分对于雇主而言是有价值的。但是如果这些活动需要争夺个体的注意力[16]，那么向不同活动提供的激励必须是相当的。否则，个体会把超比例的努力集中到报酬特别好的活动上而忽略其他的。第二个观察结果是，如果个体不愿意承担风险，提供较强的财务激励的成本将会很高，因为它会在报酬中增加额外的风险。此外，绩效越难以测量，成本就越高。这意味着在其他条件相同的情况下，不应给予绩效难以测量的任务与绩效能够进行准确观测的任务一样强的激励。

现假设需要两种活动。将其中一种看作是可简单测量的生产产量，这表示向其提供较强激励的成本较低（从个人承担的风险方面上讲）。若只有该活动，应给予其较强的激励。另一活动可考虑是某种形式的投资，其投入难以进行准确及时的测量。例如，难以准确地确定因经理的努力和决定导致的部门长期价值的变化。为该投资活动提供强有力激励的成本会非常高。这是因为，这么做会使经理的报酬非常随机，因为报酬并非仅仅由经理的活动决定，还包括其他影响绩效测量的无法控制的因素。于是，必须向经理支付承担该风险的报酬，而成本最终还是由雇主承担。

经理同时提高现有的绩效并进行能够提高长期价值的投资明显是合意的。但是，如果给予改进现有成本和收入这一活动很强的激励，而给予投资较弱的激励（在任务间没有相互作用时的最佳情况），就会产生问题。经理因利益会牺牲未来，忽视良好的投资，而集中精力提高当前的绩效，即使这会降低所创造的总价值。解决方案只能是提供平衡的激励。这有两种方法。

其中一个解决方法就是将运营部出售给经理，让经理承担起投资选择的长期结果以及提高绩效的当前影响。这实际上可能是管理者收购在 20 世纪 80 年代开始出现的原因之一。第二种解决方案就是将经理视为受薪员工，对其短期和长期的绩效都提供较弱的激励。（这些激励可以是隐性主观的，如通过升值机会等。）第一种解决方案意味着经理创造未来收益可得到与生成当前收益一样强的激励。第二种解决方案则意味着两种工作都得到同等弱的激励。两种情况下,激励都得到相应平衡,两种活动都得到了关注(当然,在低激励的雇佣制度下,关注要少一些)。

但是,当前讨论的关键点是,如果雇用经理的公司继续拥有投资机遇,必须对员工的其他活动提供较弱的激励,即比独立公司的所有者所能得到的激励更弱。因此,在公司内部无法复制市场的解决方案。

针对为何选择性干预不起作用这一问题的第四种方案对管理高层是否能限制其对那些能提高效率的活动的干预提出了质疑(Milgrom and Roberts, 1988b, 1990a, c, 1992: 192-194 and 269-277, 1998)。公司的一个定义性特征就是,主管们无疑具有干预低层操作和决定、指示低层采取特定行动以及强制这些指示执行的法定权利。(确实,如果进行选择性干预,他们必须具备这些权力。)相较而言,外部人员(即使是法院或者监督者)也无法轻易地做出如此具体的干预。所以将活动撤出市场,加入公司中可提高干预的机会,包括那些不会提高效率的干预。

过多或者不恰当的干预有多种原因。首先,管理高层会因利益而在其不应干预的时候进行干预,因为管理毕竟是他们的工作。他们还可能因缺乏耐心而在看到低层可能无法做到最好时进行干预。这可以理解,但成本很高,因为毕竟造成了错误。干预破坏了低层进行学习的机会和激励,还降低了其自主权以及源于自主权的绩效激励作用(Aghion and Tirole, 1997)。管理高层也可能会对其能力有过高的估计,不相信他人能够采取恰当的行动(即那些他们愿意自己进行的活动)。最后,各种形式的隐性贿赂也会导致其进行干预。

但即使主管们非常正直且能力出众,还是有可能会出现过多的干预。问题在于,低层会过于在乎公司所做的决策,他们有充分的理由影响主管们进行干预,使得决策按他们想要的方式进行。例如,组织中的有些人被派送到得克萨斯州的巴黎,有些人被指派到法国的巴黎。可以想象,候选者会做出大量努力来影响这一决策。类似地,有人得到升迁,有人没有,或者一个部门的投资得到资金支持,另一个部门的则没有。各利益相关方有强烈的动机去尝试影响这些决策,且不一定是使决策朝向增加整体价值创造的方面。而且,为了解应在何时以何种方式进行干预,高级主管们不得不依赖来自可能受到影响的各方的信息。

影响的手段包括使信息提供出现偏差、误导努力(例如倾向于构建有利于你方的情形而不是致力于当前正在进行的工作)、拉票活动甚至更糟糕的方式。总体上,这些影响活动有三种成本。第一种,资源被直接用于影响决策,即使是在所有资源用完后,也要改变分配结果(这意味着并没有额外价值被创造出来)。注意,这样的投入会引起受到威胁的人员的防护支出。第二种,如果影响活动成功,其可能就会做出糟糕的决策。第三种就是,为了控制影响活动,导致公司改变其原本非常理想的组织设计。

可用各种方法限制影响活动。其中一种就是限制主管和低层之间的交流。这就限制了拉票以及提供策略性信息的机会,虽然这会带来很明显的成本,即部分有用的信息无法被传达。瑞士—瑞典电力设备和工业产品公司 Asea Brown Boveri 的"三振出局"政策就是这种类型的(Bartlett, 1993)。无法达成共识的两位经理可以将问题提交到上级以便决议,但只能有两次。如果他们第三次如此操作,一人或者两人都会被调职。

第二种方法就是构建决策流程使其不易受影响。实行严格官僚制管理的公司就是一个例子。如果完全根据资历和工作任务确定工资,那么就没有必要进行拉票以获升职。航空公司根据资历分配空服人员也同样能够减少影响机会。

根据对过去绩效的客观测量而非表面(即更不客观和更容易被操控)的资格来晋升新职位更合理,因为这减少了影响的动机(并促进了当前的绩效)。精简总部也是用于减少过多干涉的一种方法:总部缺乏资源去干预低层的事务。主管们还可尝试营造不进行干预的名声以便阻止引发干预的企图。但应注意,在特定情况下,即使在干涉看上去非常合适时,也不需要进行干涉。

第三种方法就是限制决策的分配结果,由此个体们也不是那么利害攸关。例如,密集式薪酬和统一待遇,即使在有别的因素要求区别对待时仍保持如此,就具有该效果。这可解释为什么在区别待遇和特殊待遇看似恰当的情况下,组织通常还会有应用标准程序的压力——实施另外的模式就会使每个人都试图使自己有资格成为特例。

控制影响的最后一种方法就是利用公司的边界限制此类内部影响活动。将活动放到独立的公司中会限制影响活动。例如,对于不同的活动,如果其在不同的公司中,则可采用不同的薪酬和晋升政策,但单个组织内的区别待遇可能会导致大量的拉票活动和影响活动。公司边界之所以有效

第 3 章 公司的本质与宗旨

是因为说服自己的老板将自己指派到另一个公司中是无意义的，但是在公司内进行调职就比较合理。类似地，使用外部而非公司内供应商的其中一个优点就是，如果要惩罚或者更换绩效不良的公司内供应商会引发影响成本，制定和调整内部划拨价格也是如此。

一旦已确定进行内部组织存在成本，科斯公式就确定了使用公司的条件：当且仅当在内部组织交易的成本低于在市场上组织时，会在内部组织交易。我们已经比较了解市场组织，那么针对内部组织，又该如何考虑？如何定义一个公司？为什么公司不同于市场？不同之处在哪里？公司在什么情况下是更好的组织形式？

公司的本质

许多研究者，包括罗纳德·科斯（1937）和赫伯特·西蒙（1951），已将公司的本质确定为：用对等级、权力关系的依赖取代作为市场交易标志的参与者之间的内在平等性。在你加入公司的时候，你就接受了主管及其代表指挥你行为的权利，其中的行为至少包括一般意义上的活动。西蒙提到，针对无法预测所需完成的任务并对其进行约定（即协调需求）以及无法在每次所需活动发生变化时进行重新协商（或者这么做的成本过高）的问题，这是种有效的解决方案。但这并不是完美的解决方案，因为对于老板而言，并没有自发的动机去考虑员工在选择如何使用自身时间时的利益。不过，它仍比像简单的市场契约那样预先严格规定活动要好。

其他研究者，最著名的是阿门·阿尔奇安和哈罗德·德姆塞茨（Armen Alchian and Harold Demsetz，1972）以及迈克尔·杰森和威廉·麦克林（Michael Jensen and William Meckling，1976），已对此观点提出了质疑。他们认为，公司里出现权力仅仅是错觉。对他们而言，雇主和雇员间的关系完全等同于顾客和屠夫间的关系。在两种情况下，（劳动力服务或肉的）买家可告诉卖家他在特定某天想要的东西，卖家可同意并得到报酬，或者拒绝并被解雇。对于这些学者而言，公司只不过是"契约的纽带"——具有市场特征的各种安排的超密集集合。

虽然对此论点有多种异议，但我们只重点讲述其中一种。即，当客户

"炒掉"屠夫,屠夫保持存货、工具、商店和他之前所有的其他客户。相较而言,当雇员离开公司,他一般就无法获得公司的资源了。雇员不能够借用公司的名号做事;不能使用公司的机器或专利;而且很可能不能因商业目的甚至是社交目的联系公司中的人员和人际网络。

公司对资源获取权的控制根本上是源于其对资产的所有权以及因为它是与公司成员们签订的所有雇佣合同的唯一公共方。通过控制是否允许员工加入公司,公司可提供或者拒绝向人们提供成为公司一员创造价值和赚取回报的机会。这使公司获得了权力,且公司使用该权力制定"游戏规则":规定和禁止行为、设定奖励和惩罚、控制公司成员间以及其与外部人员的关系。这么做的意义在于通过使公司成为协调和激励的有效机制(比简单的市场关系更为有效的机制)以创造价值。

这些理念〔由本特·霍姆斯特姆(1999)提出,同见拉詹和辛格尔斯(Rajan and Zingales,1998)〕使我们想起了阿罗将公司视为解决市场失灵问题的机制这一设想。这实际上是某种程度上比交易成本论更广泛的设想,因为我们可以在使用市场的成本比使用非市场组织高时将市场看作实际失灵。还应注意的是,权力具有核心的作用这一观点重新回到了在财产权文献中所提到的"所有权很重要是因为其传达了权力"这一思想。

这一系列的推理得出的一个显著见解就是,公司提供较弱的激励并不一定就是失效。相反,公司存在的一个原因就是在市场所提供的激励过强时提供较弱的激励!

激励"过强"是什么意思?这在上文讨论过的霍姆斯特姆—米尔格罗姆多重任务模型的背景下更易理解:特定活动的激励如果会引起精力和注意力过多地从其他有价值、但是因任何原因无法获得同样强的激励的活动中转移过来时就太强了。

举个例子,考虑一下通过外部的经销商或使用公司内部销售人员销售产品这一问题。假设除了实现当前的销售额,销售人员(不管是不是公司员工)还能够收集在产品开发过程中可能要用到的客户信息。如果使用外部经销人员,必须对当前的销售提供强烈的激励〔如,通过将批发价和(针对独立零售商的)零售价的全部差额都用作佣金〕,否则外部销售人员容易被转移注意力去销售其他客户的产品。这意味着,如果也想要外部的经销商收集和传递信息,那就必须给予其强烈的激励。但是提供这样的激励很可能非常困难：该如何去测量该活动中的绩效？

因此，如果信息收集非常重要，那么平衡的激励就非常关键，对销售与信息收集两项活动提供一样弱的激励可能更好。但除非销售活动在公司内进行，由此能够支付销售人员薪水，要求其收集信息、出售产品并不得出售其他公司产品，否则这就无法达成（Anderson，1985；Anderson and Schmittlein，1984；Holmström and Milgrom，1991）。

合作和主动

霍姆斯特姆指出了更一般的情况——基本的多任务问题和与之相随的包含在组织设计中的一系列权衡。一般而言，组织中会要求人们进行两大类行为：即"主动"和"合作"。前者是指聪明、诚实、勤勉以及富有想象力地追求个人目标和职责——增加本单位的销售额、降低成本、成功创新产品等等；后者是指促进他人的福利以及公共目标的实现——提高其他单位的利润、发展公司的整体品牌、信誉和客户声誉等等。很明显，公司想要两类行为都进行。主动能够引发更好的短期以及长期的个人和单位绩效，其价值非常明显。但只要存在任何外部性，就会同时需要合作以便负责和管理交互作用。例如，我们希望能够避免被公司其他部门套牢、内部销售中未观察到的质量上的弄虚作假，以及公共资产的价值折损，并鼓励信息共享以及帮助公司的其他成员。

问题在于，我们处于多任务背景下，于是提供激励促使一种行为增多就会涉及另一种行为的减少。例如，对质量问题马虎会增加我方的利润，但会损害更多他方的利润，主动行为驱使我方对质量马虎，但是合作则使我方不会那么做。两者并不相容。

一般而言，对于任何既定的在协调和激励上的资源支出水平，对于任意所需的合作水平，都可以诱发最大程度的主动行为。而且，我们可以预计到，在大多数情况下，边界是滑坡式的：一旦我们诱发了在特定合作水平上的最大程度的主动行为，只要减少合作，就能够诱发更多的主动行为。这很可能会发生，例如，因对自身目标提供了更强的激励，人们会更加将精力集中在自身目标上且更不愿意花费时间做事帮助他人。这可以用

图 8 来进行说明。图中的边界线表示，在既定支出水平下，对于特定合作程度来说可能的最大程度的主动行为。可以推断，投入更多的资源会将边界线向外推，使得两种所需的行为都变多。

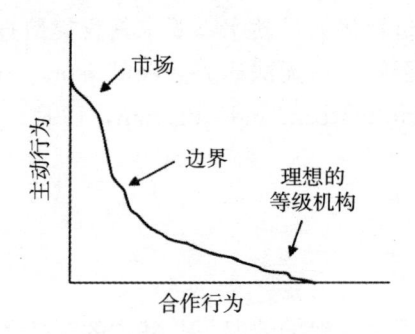

图 8　合作和主动行为

在该框架中，正常的市场交易一般会给追求自身目标提供最大的激励，由此也会诱发最多的主动行为，但是其对合作几乎没有提供激励。因此通过市场安排进行组织在图中表现为纵轴上（或接近纵轴）的点。在具有集权化决策流程和提供微弱绩效激励的理想化官僚制机构中，可以说只有很少的主动行为，但能够达到高水平的合作。实际中组织获得的合作比理想的等级机构所获得的要少，但比市场所获得的多。当然，实际中公司所需的合作比公平交易可引发的要多，因为公司内存在大量的相互依赖性。代价就是它们无法产生和市场组织会诱发的那样多的主动行为。

设计和管理都良好的组织只能处于边界线上，否则它就可免费获得更多的合作和主动行为。当然，这并不是说实际的组织在边界线上——这是管理的一大任务之一！组织设计决定了实际达成的合作和主动之间的混合比例。人员、结构、流程和管理以及文化都会影响所引发的行为。组织对自身位置的定位取决于其采取的活动以及其试图完成的活动，也就是说，取决于它的战略。相应地，战略的转变会导致组织的变化。战略同样决定了公司想要花费在组织上的资源，由此也决定了边界线的位置。

例如，从 20 世纪 80 年代末开始，Asea Brown Boveri（ABB）尝试实施复杂的战略，要求自身同时实现多个目标，如全球效益、灵活地应对所参与竞争的成百上千个显著不同的国家层面上的产品市场的具体情况、在全球普及学习等。在并购整合两家前辈公司以及进行无数收购的同时，这

第3章 公司的本质与宗旨

些也是不得不完成的任务。为此，ABB既需要管理人员主动追求自身目标，同时，又需要他们愿意帮助其他单位并为整体做出贡献。

该命令使得ABB采用了非常复杂和昂贵的组织形式。ABB由1 300个运营公司组成，每个运营公司都有独立的损益表和资产负债表。运营公司又包括5 000个盈利中心。经营单位较小（平均每个盈利中心大概有35名员工），这意味着可以明确地分配职责且单位中的人员能够比较容易地看到自己的活动对结果的影响。这有助于促进追求单位绩效的主动行为。强有力的财务和运营体系能够给管理高层提供追踪结果以及激励和控制行为所必需的信息。

每个运营公司都需要进行双线报告。一方面，每个单独的ABB公司（例如在德国的蒸汽涡轮生产厂）的经理，要向负责一国业务的主管报告工作，而该主管的职责是确保当地的及时反应能力并协调该国内的各个ABB公司，由此支持该维度上的合作。因为许多客户都是政府或者国有的电力和铁路公司，地区反应能力至关重要。负责一国业务的主管同样也要负责并购后的整合工作。同时，单个公司的领导同样还要向全球产品的区域主管报告工作，后者通过在各国间协调投资和分配产品实现全球效益，并通过建立工程师以及性能专家的跨国联系以促进学习。两个主管都在绩效评估和薪酬方面有发言权。

将整体组合在一起的基础是一些全球经理，这些经理几乎一直都在不同的经营单位间奔波。其中特别重要的是执行委员会的成员，他们中的每一个都要管理多个产品领域和国家。该设计需要大量的管理时间和精力：CEO珀西·巴内维克（Percy Barnevik）的著名戏言就是，他一周中只有两天在办公室里——星期六和星期天。在不那么有雄心的战略下，这样的设计是没什么意义和作用的。

随着其战略的演变，ABB调整了自身的组织以影响其员工所提供行为的综合情况。在20世纪90年代，战略转变为开始强调在东欧和亚洲的扩张并同时相应地缩小在西方的生产。这就要求西欧各国主管间进行更多合作，他们的员工和投资将减少，而且他们对公司内部以及其所运营区域的国家政府的影响也会失去。应对的方法是在公司高层创建地区结构，从而使得一位总经理管理所有的欧洲国家主管并能够确保西欧的经理们支持在东部区域的投入。这是为了确保能够引发所需的国家主管间的合作。

_65

环境的变化也会改变合作和主动所需的混合模式。大型的医药、医疗设备以及消费者保健产品公司强生将自己组织成为一个主动水平非常高的企业(Pearson and Hurstak，1992)。强生内部按照产品分为大约150个不同的公司，每个都自负盈亏且极其独立。在20世纪80年代，有13个不同的强生公司服务于医疗设备的医院市场，每个与不同的医疗或者外科部门联盟。这些公司有自己的销售力量、物流和经销以及财务部门。这对于强生的客户而言很不方便，效率很低。因为成本压力，客户把采购从单个部门转移到总部采购经理手上。对强生而言，明显的解决方案是至少整合13个公司的销售和财务。但即使是尝试建立这样一个体系也使强生花了15年，因为它需要公司间的更多合作并且会降低各公司的独立性和主动性。

应注意到的是，技术和组织的创新能够移动合作—主动边界线，使同时拥有更多的合作和主动行为变得可能。信息技术就是此类变动的一个比较明显的原因。通过使得更精细的绩效测量和更好的通信成为可能，它促进了主动水平的提高（通过降低提高激励的成本）以及更多的合作（通过使协调更为容易并增强单位间的联系）。另一重要的决定性因素就是组织和管理的技术。例如，内部组织的多部门模式以及与供应商长期关系的发展都是能够移动边界线的管理创新。

使用该框架检验公司的组织设计并不要求实际测量所产生的合作和主动水平。相反，它只需要评估那些与所需要的相对的行为。有两个例子可说明该点。

在英国石油勘探公司，总的业务被分解为具体的、得到授权的、具有明确绩效责任的经营单位，中层经理以及总部的职能员工被撤销，这起到了所预计的增加主动水平的效果，约翰·布朗（John Browne）将之视为提高绩效至关重要的措施。但是，所发生的变化同样产生了巨大的需求——要求各业务单位在分享最佳操作以及支持彼此解决技术和商业问题时进行合作，这些活动之前是由总部处理的，但现在已无资源处理该问题。解决方案是联系面临相似的技术和商业挑战的经营单位组成同侪小组，每个组由10个成员组成。这些同侪小组的成员制定分享信息以及帮助彼此解决问题的准则。其中的关键是同济协助，据此面临技术或者商业困难的小组能够向其他小组发出请求且其他小组会进行回应并派送专家帮助解决问题。在遇到困难时寻求帮助并在被要求提供帮助时全力回应成为牢固的准则。该种合作成为英国石油公司成功的关键。

身为全球生产糖尿病治疗药物的两大巨头之一的诺和诺德公司在1992年面临了一场危机，当时公司内部的沟通问题使其无法遵守新的《美国食品和药物管理法规》（Kamper，Podolny and Roberts，2000）。诺和诺德不得不暂时从美国市场撤离并销毁大量胰岛素。为应对危机，它构建了新的组织设计。它继续将确定所使用的具体惯例和程序的自行决定权下放到各个单位，但是增加了各单位遵守总公司政策的责任。目的就是要维持为高度分权式组织之标志的主动水平并同时获得支持整体政策和绩效的更多合作。关键在于打造"促进者"小组。促进者为来自整个组织的经验丰富的经理，其承担确保单个单位遵守公司政策的内部审计功能。当发现有单位不遵守公司政策时，促进者们应与单位领导就所需变革达成协议。在该过程中，他们开始了解整个公司的经理，并非常了解各经理所具备的经验。这使得他们能够将面临问题的经理与其他解决过类似问题的经理联系起来并帮助经理们构建支持合作行为的网络。

一般而言，有效测量合作的问题意味着很难对此提供正式的激励。因此，为促进合作，最好寻求组织中的软因素，包括社交网络和准则，如英国石油勘探公司和诺和诺德所做的。同时，最开始时可以操纵结构和流程以促进主动行为。

实际上许多公司已认识到自身不具备足够的主动行为，且愈加激烈的竞争要求其员工在工作中更有效地工作以实现绩效。相应地，他们正做出改变，使用更类似市场的解决方案处理组织问题。在组织中，这些措施包括组织结构扁平化、使用较高的绩效报酬、将权力下放到经理、创建更明确的经营单位边界以及将运营和制定部分战略的权力下放给小组。这些变化在图8中体现为边界线的向上移动——可获得更多的主动行为，但它们也具备向左移动的效应——减少合作。为抵消该效应，公司寻求新的方法关联和激励自己的员工以及联结员工彼此。这些公司还通过外包、分立和分拆上市等来使自身的活动跨越边界，这一般也可以增加主动行为，但可能会限制合作意愿。同时，它们并不满足于公平的市场安排所引发的少量合作。所以，它们通过使用联结供应商、客户和其他公司的新方法（包括关系合同、合资企业和联盟等）寻求更多合作行为。我们会在之后的章节中更详细地探讨这些变化。

注释

[1] 这并不是关于历史模式(——市场已经努力了,但还是失败了,于是企业被创立出来了)的观点。相反,企业和市场之间活动的差异会随着时间以复杂的方式发生改变。

[2] 关于这一节中所涉及的很多主题的更详细的讨论,参见 Milgrom and Roberts(1992:chapters 5,6,and 9)。

[3] 这一术语来源于保险行业,它描述了在保险行业中,那些知道自己承担了"坏风险"(bad risk)的人比普通人更可能购买保险这一情况。

[4] 这一术语同样也是来源于保险行业,它指的是,与未购买保险,从而需要承担自己的选择所带来的全部后果时相比,那些购买了保险的人倾向于冒更大的风险。

[5] 关于对执行成本高昂的合同的研究,参见 Doornik(2002,2003)。

[6] 经济学中有大量的关于不完备合同与重新协商的文献。关于这些特征的制度性影响的早期研究,参见 Williamson(1975,1985)、Grossman and Hart(1986)、Hart(1995)、Hart and Holmström(1987)和 Hart and Moore(1990)。后来的研究工作对数学有了更高的要求。Milgrom and Roberts(1992:127-33)提供了一种比此处更复杂的分析和讨论,尽管仍然是非技术性的。

[7] Myerson and Satterthwaite(1983)认为,除非买方和买方之间达成这样的共识,即,买方对出售的某个物品的支付意愿超过了它对于卖方的价值,否则必定会存在低效率。这一点可以通过如下情况体现出来:有些交易虽然应该达成,但却没有达成;谈判往往是旷日持久的;在达成协议的时候出现各种成本巨大的拖延。

[8] 如想了解更多细节,参见 Milgrom and Roberts(1992:chapters 2 and 5)。

[9] 这一观点的更强烈的形式是:效率独自决定了将会发生什么。这是对的,但是,只有当馅饼的大小与其分配状况无关的时候才如此。更正式地说就是,只有当不存在收入效应且财富可以自由地进行转换的时候才如此。在很多情况下,这可能是一个合适的假设,尤其是在考虑企业之间的关系,以及对那些一直以来都很成功地解释了观察到的现实情况的模型进行理论化的时候。但是,如果这些假设不成立,那么单单效

率并不能完全决定组织模式以及可利用的资源的分配,于是,理论在预测方面的能力也就减弱了。

[10] 相比之下,"租金"(rents)指的是,超过为了吸引某一资源首先用于某一特定用途所需要的最低收益的那一部分超额收益。要注意的是,一旦投资沉没,某些收益可能就会成为准租金,尽管事前没有赚取任何租金(超额收益)。当存在专一性,但是竞争在锁住发生以前形成的时候,就会出现这一情况。

[11] 关于套牢问题的更多信息,参见 Milgrom and Roberts(1992:136-139)。

[12] 参见,例如,Monteverde and Teece(1982)、Masten(1984)、Joskow(1985,1987,1988),以及 Masten,Meehan and Snyder(1989)对于资产的专一性看似可以解释垂直一体化模式和长期缔约合作这一观点的研究。

[13] 除非测量是完全客观的(但这是十分罕有的)且能订立契约的,从第三方可以观察到它这一意义上来说,这对于法院执行包含了这些条款的合同来说是十分必要的。

[14] 关于这些观点的阐述,参见 Hart(1995);关于对它们的实证意义的评价,参见 Whinston(2003)。

[15] 要得出统一企业的内部激励实际上更弱这一结论,还要求有另外一个假设,即,关系完好无损情况下投资的边际影响比关系破裂情况下投资的边际影响大。特别是,这意味着,在边际上,投资对外部机会产生的影响不应该比对企业中的个人价值所产生的影响更大。

[16] 正式地说就是,如果做一件事的边际成本随着另一件事被做得更多而增加。

第4章　现代企业中的激励问题

和其他经济组织一样，公司用于协调人们的行为并激励他们进行所需的活动。在组织中激励人们这一问题根源于以下事实：人们的个人利益可能不会自动地引导他们以组织希望的方式行为。之所以产生利益的分歧，是因为组织的个体成员一般不会承担他们在组织中所进行的行为以及做出的决策的所有成本和收益。因此，当他们进行决策——如何使用其时间、努力程度应如何、将精力投入什么当中、应采取何种风险等时，在他们看来最好的选择可能并不能最大化为公司创造的总价值。即使他们已发现更大的利益，他们也可能不会自动将其纳入考虑范围。

从组织设计的角度来说，激励问题就是要

重新塑造公司（人员、结构、惯例、流程以及文化）以使组织和其成员间的利益更加一致并由此提高他们所作出的选择的效率。在这一任务中，公司设计者能够获得组织设计的所有手段（人员、结构、流程以及文化），而且，在很多情况下，这些手段都会被用到。特别需要指出的是，激励并非单单是指金钱奖励，这点在某些情况下很重要。[1]

激励问题的原因和本质

总体而言，动机或激励问题产生于个体的[2]组织决策且行动以个体未充分考虑到的方式影响他人时，即存在外部性时。个人所承担的成本和收益与组织整体所累计的成本和收益的区别基本上会以两种方式产生。多数情况下，组织中的个人只得到其采取各种活动所实现的收益中的小部分，但是却承担所涉及成本的大部分。在这种情况下，他们的决策很可能会很少考虑有利于组织效益的活动。另外一种可能性就是他们所获得的收益超过其所承受的成本部分。这种情况下，他们很可能会尽可能多地选择此类活动。

对于第一种问题，举个最简单的例子，按时计酬或薪水固定的雇员会体会到更努力工作和工作更长时间的生理和情绪影响。从其额外的努力中获得的直接收益为产出的增加，但这些收益归公司，而非工人，他们的工资并未改变。当然，会给其一些报酬：被惩罚或者解雇的可能性降低，晋升或者加薪的机会增加，以及很可能会获得来自同事的社会认可（或咒骂！）。他也可能会因为工作做得更好而体验到一些个人满足感。然而，由于他并没有直接获得所增加产出的所有收益，他不太可能像自己可得到劳动的所有成果时那样积极地努力工作。实际上，他可能会倾向于偷懒懈怠，而且，如果偷懒不是那么明显和过分的话，他也不太可能会因此承受任何较严重的后果。因此，的确存在不要太过努力地工作的诱惑，当然，这个不努力是相对于最大化所创造的价值那样的努力而言的。

类似地，管理人员也可能会规避从股东的角度讲有价值的风险。这是因为，管理人员几乎不能获得成功引发的收益，却要面对失败带来的对其职业的风险。再举一个例子，比如尽职尽责监控公司管理的股东要承担该活动的所有成本，但绩效提高带来的收益由公司股票的所有持有人共享。在这种情况下，我们可以预计，监控水平会低于最佳水平。

在实施者获得收益但是成本却由公司其他地方承担的情况下也会产生激励问题。例如，享受因领导更大公司而带来的更高地位的 CEO 可能会倾向于进行收购，即使收购会损害价值。[3] 执行者获得了收益，但成本由股东承担，应注意的是，组织的其他成员可能会在该过程中支持 CEO，因为他们的职业前景会因公司的扩张而变好。

理解激励问题为什么会出现在管理组织中，也就是为什么归于组织的收益和成本与决策制定者所面临的收益和成本会有系统性差异，是十分重要的。毕竟，我们不会在所有交易中担心激励问题，即使不同各方的利益相当不同且至少针对价格是完全对立的。金融市场的交易者一般不会担心其在日元与美元的外汇交易中必须恰当地激励其他交易者。消费者不会在从连锁杂货店中购买一听品牌汤品时担心其他方的动机。然而，当公司从雇员和承包商那里购买劳动服务时，公司肯定非常担心激励问题。

关键的区别在于，在这些利益不同以及一方的行动会影响其他方的利益的情况中，使用合同或名声来指导行为的可能性。如果无利益分歧，那么就不会有问题，因为仅仅私利就可以使各方为了彼此共同的最大利益行动。即使在利益有分歧时，如果能够轻易制定和实施引发所需行为的合同，那么也就不会真有激励问题。合理设计的合同能够指导各方按照最大化总价值创造的方式行动。而且，如果无法签订明确的足以指导行为的合同，有时候名声可替代合同并处理好激励问题。但是如果利益不同，且合同和名声考虑都不能完全发挥作用，那么就会有比较严重的激励问题。

在所举的外汇交易的例子中，双方很清楚按照协议条款进行交易所需的具体东西，所以这些条件可简单地纳入合同之中。另外，确定各方是否遵守协议也是相对比较直接的事情。因此，法院或者其他第三方（如仲裁机构）可简单地执行这些协议。而且，如果交易者无法遵守合同，交易中的其他交易者就会知道并能够在之后避免与欺骗者进行交易。相对而言，商品交易一般不太会有激励问题，那些名声能够有效地指导行为的交易也是如此。追求私利不会导致任何可改进的低效问题。

相较而言，在汤品的例子中，关于制汤所用的配方和过程并没有合同，而且在消费者把汤拿回家并试吃之后，没人知道汤是否符合消费者的口味。这看似是生产商对质量造假以节约成本或者对罐头的容量造假以增加需求的机会。但是，生产商可能会采取的、会对消费者产生非常大的负面影响的大部分行动会因为可能受到监控检查或被法律起诉而被阻止。考虑到零售商，商店可能会进行的行为基本上不可能同时既对消费者产生负面影响又有价值，因此没有理由担心它的行为。唯一的例外情况是商店可能会定很高的价格，但是合理水平的竞争也能够解决这个问题。

在管理组织中，情况则不同。决策和行动会影响到其他各方，利益一般不会完全一致，订立契约的可能性有限，名声只能发挥部分作用。确实，这些差异实际上在很大程度上解释了为什么公司会存在！

有关此类难题的常见例子主要涉及行为的有限可观察性以及因此产生的道德风险。个体在其工作中的智力和体力投入为公司整体创造了收益（更低的成本、更好的销售、更低的风险以及更好的名声），但这些投入一般无法随意观察并及时准确地进行测量。因为组织无法准确地说明个体实际做了什么，所以无法签订能够说明要做什么以及遵守或者违反合同的奖励或惩罚的可执行合同。行为的有限可观察性同样降低了使用名声指导行为的可能性。因为其他人无法观察到个体的行为，也就无法简单地形成行为良好的名声。[4]这是经济学中代理理论所考虑的经典情形。上文中所给出的关于工人决定自身的工作努力程度以及经理接受或者拒绝风险项目的例子就属于这种现象，实际上，基本问题非常普遍。

在此类情况中，任何正式的激励都是以关于代理人所完成任务的被干扰的、不准确的衡量指标为基础的。首要的例子就是将不准确的行为测量作为绩效评估的基础，如间断性的监控。另一例子就是将奖励的基础建立在结果上，但实际上所涉及的行为只能在一定程度上影响结果。如我们将在下文中进行讨论的，虽然此类绩效报酬支付方式日益普遍，但它的问题也很多。

一个与此相关的动机问题就是搭便车行为。这在个体可以对特定结果做出贡献但所有人都能享用其收益的情况下就会产生。一个例子就是公共品牌的保护和促进。在有人花费资源保护或者强化品牌时，所有经营单位都能够得到好处。因为没有单位能够获得其付出所带来的所有好处，每个单位都有可能会降低投入。如果针对品牌所采取的行动难以监控，那么阻止搭便车行为就会非常困难。同样，因为任何单位从品牌中获得的价值对于其他单位而言可能难以确定,所以很难确定每个单位应对品牌做出多少贡献。这为旨在降低任何强制性贡献的歪曲虚报提供了可乘之机。

搭便车行为的另一个例子是在基于团队的工作中:众多个体的努力对特定的最终结果做出贡献,而最终的结果是团体奖励的依据。团队中的每个人都会倾向于完成比自己在产生效益所需总量中的比例更少的工作,因为每个人要承担任何所进行的额外投入的所有成本,但是只能够获得所增加收益的一部分。因此,除非团队成员能够简单地监控彼此的贡献,否则每个人都有动机在额外的个人收益与做出更多贡献的额外成本相匹配时停止投入。但这时,归于每个人的总额外收益远超出单个个体再增加投入的成本。因此,平衡总的收益与成本会要求多得多的贡献。所导致的低效意味着存在激励问题。

行为的有限可观察性并不是导致激励问题的唯一原因。特别地,假设行为可以直接被受影响的各方观察到,所有各方都能够了解实际发生的事情,但是外部人员却不可能确定事实。那么规定(或者禁止)特定活动的合同无法由外部的第三方实施,因此他们也无法发挥有效地激励他人的作用。当各方无法在最初的协议中完全明确地规定在不同环境中应完成的任务时,会产生另一个问题。该问题的产生可能是因为各方无法预见所有的可能性,或一般的语言无法足够精确地区分不同的意外事件,或仅仅是因为判断出拟定这样详细的合同成本太高。于是,合同无法全面规定在每个环境下所需的行为,因此也不能完全解决激励问题。那么,与之前的例子一样,将奖励与可观察可验证的成果(而不是行为)相联系可提供一些所需的激励,但是这比先前的案例更有问题。在这种情况下,名声可能是唯一实际有效的机制。

当行动的采取实际上主要基于只有采取行动的人才能获取的信息时,还有更多的问题。该情况也非常普遍:决策的权力确实一般都只准确给予那些获得最佳信息且最专业的人员。在此类情况下,即使法院或者其他第三方能够完全观察和检验实际行动,利益的分歧也会导致难题。问题在于,可能很难判断行动是否真的有利于组织的最大利益,或者相反,它们的选择是否是为了促进专家的利益。在建造帝国的 CEO 例子中就是这样的情况:总能够找到理由来说明最近的收购是符合战略且增加价值的,不管其实际上对于股东而言多么糟糕。基于成果的激励再次(例如与股价相关的激励）成为有限的解决方案，未能完全解决问题。

所有这些情况都可以归结为"代理问题"。在经济学中关于代理已有大量的文献，而且也已大量应用于管理研究中。这些研究大部分针对显性的激励联系，接下去我们将综述其中的部分工作，为在之后章节应用该理论打好基础。

简单代理理论[5]

最简单的代理模型只涉及被称为代理人的单个个体，其代表另一被称为委托人的个体进行活动。相应的实例如雇员（代理人）和雇主（委托人）；董事会成员和股东；承包商、律师或经纪人和客户。除了那些代理人直接承担的个人成本，代理人行动的收益归委托人。例如，雇员的产出归公司，而公司还承担材料和设备的成本，但雇员必须承担其所付出努力的成本。为简化，我们将所采取的行动称为"努力供应"（effort provision），但也可能有无数的其他解释。关键的是，其他东西是相同的，根据边际利润，代理人更愿意提供更少代表委托人进行的活动，而委托人则更愿意代理人做出更多此类活动。具体来说，假定代理人希望其工作量比从最大化总收益与其活动成本的差额的角度讲有效时的工作量少。实际上代理人可能愿意在无任何显性激励的情况下做出大量的努力，但是提供超过该水平的努力会对其造成成本。这就导致了利益的冲突，这种冲突即为代理关系中激励问题的基础。

如果代理人所选择的努力对于法院而言可观察并能够证实，且所需行动能够在事实发生之前得到确定，那么双方即可简单地对将要采取的行动进行约定。委托人将为代理人为了他的利益而提供的努力支付报酬，且根据偿付代理人的不同努力水平所需的金额，委托人会决定自己购买的努力数量。（我们将该种情况下会做出的努力选择称为"全信息"努力水平。因为其能最大化价值，我们也称其为"最优"水平。）如果代理人无法交付努力，也就不会得到报酬。而后他会发现按委托人所需进行活动是值得的，那么就不会有严重的激励问题。

为使这最简单、仅具框架的模型中出现激励问题，我们假设委托人不能直接观察到代理人的行动。在许多组织环境下，该假设是合理的。我们同样在开始时假定可观察行动的某些明显的特征且能够对此进行约定，否则，就不存在任何契约型方法来提供任何激励。假定测量随代理人的努力的变化而变化，因此观察它可以提供关于努力选择的信息，但是其中也有无法消除的随机变异因素。例如，委托人可能会尝试监控行为但是无法做到十分准确，观察到的是混合了一些随机测量误差的努力。该误差可能仅仅是因为监控是非持续性的。因此，实际的行为未得到完全观察，而是对已做出的行为的片段抽样。反过来，有些结果，如生产量、成本、销售收入，或利润，是可以观察到的，但这些结果可能是由代理人的行动和其他未观察到的因素共同决定的，如其他各方的行动、机器的随机性能，或需求状况。

绩效测量的随机性意味着代理人可能只提供了相对较低水平的努力，但是因为运气，激励所基于的指标出现较高的值。类似地，代理人可能非常努力地工作，但是所观察到的绩效测量因随机性的影响可能比较低。[6] 因此，基于非完美测量的激励包含在代理人（或者委托人）控制之外的随机因素。

当然，如果代理人获得其行为的所有收益并承担所有的成本，他必然会采取高效的选择。这似乎表明，激励机制应能够反映努力选择的改变对所产生收益的全部影响，而代理人会将该影响与对所承担成本的影响进行比较。例如，如果代理人是委托人所有的公司的经理，向其出售公司将使其承担其行为的所有成本和收益，那么该经理肯定会得到恰当的激励。虽然该解决方案有时候可行且颇具吸引力，但有两大原因可以说明使代理人承担其行为的所有收益以及成本是不可行或不被指望的。

第一个原因是，在代理人规避风险时，收益是不确定的，因此，相比其能够稳定获得预计价值，获得不确定报酬的吸引力要小一些。于是，使其承受其行为的全部但不确定的影响就变得低效了，因为这表明代理人要承担收益的不确定性引发的所有风险，而同时委托人的风险承担能力未被使用并浪费掉了。更好的方法可能是双方共同承担收益的变动，因为这可降低所承担风险的总成本。确实，如果委托人是风险中性的，那么他可以理想地承担所有风险，因为这么做对代理人而言是无成本的。问题是绩效不仅仅会因随机的运气发生变化，还会受到代理人选择的影响，而且因为

第4章 现代企业中的激励问题

代理人的行为无法观察所以委托人无法摆脱该影响。于是，使委托人承担收益中的部分变动意味着代理人行为选择的部分影响必然也会由代理人自身承担。因此，代理人并未面临其选择水平所涉及的所有成本和收益。

在不要求代理人承担所有风险且在契约中所使用的受干扰的测量值并非所产生的收益时，风险共担的意愿仍是重要的因素。

代理人无法承担其努力水平选择的所有边际收益的第二个原因是：代理人在财务上能力有限。例如，很可能的情况是代理人无法承担可能产生的所有损失。在这种情况下，将公司出售给代理人是不可行的，或者在代理人有破产选择时，实际上无法使其承担自身行为产生的所有边际成本和收益。在更一般的情况下，存在代理人无论在任何情况下都必须获得的最低报酬（可能为零，或者是负的），提供给代理人的任何激励计划必须包括代理人会一直得到这一最低金额的条款，不管所测量的绩效有多糟糕。因此，很可能代理人无法获得所有剩余的收益。

不管在哪种情况下，一旦代理人无法获得所有剩余的收益，委托人的问题就在于设计能够激励代理人提供所需数量努力的计划。所提供的激励的强度，即奖励随绩效测量变化的幅度以及由此而来的奖励随努力变化的方式（在绩效测量随努力变化的方式既定的情况下），决定了代理人将会选择提供的努力数量。加强激励会增加代理人对付出更多努力的预计收益，因此代理人也会更加努力地工作。假设委托人是风险中性的，最佳的计划能够简单地引发可最大化委托人的预期收益与其必须支付给代理人的成本之差的努力水平。当然，激励计划的选择必须依据实际上选择的努力水平将会是计划激励代理人所提供的水平这一事实——委托人不能够忽略奖励计划给予代理人的激励。而且，代理人要乐意为委托人工作，而非到别处寻求对其时间和才能的次优使用，其就必须获得足够的总报酬。

这一理论上理想的设计涉及权衡。权衡的确切性质取决于代理人不承担所有边际成本和收益的原因。

在有限责任的情况中，提供更为强烈的激励包括提高对良好成果的报酬且不会在绩效变差时降低报酬（假设不良状况下的报酬已经尽可能低了）。因此，获得更多努力的成本即为预计的收益必须转移给代理人，即使其报酬已经足够吸引他接受这份工作。实际上，为获得委托人在完全可观察条件下能够从代理人那里购买到的最优努力水平，可能需要给予代理

_77

人超过总收益预计价值的预计报酬。该影响可能会限制激励的强度，导致比不存在可观察性问题时可能获得的更低水平的努力提供。

在进行过更广泛的研究，因此也是我们所关注的案例中，风险规避是关键。给予更强烈的激励，如增加给销售人员的佣金，可增加所提供的努力，因为该努力的收益也增加了。更强的激励同样使代理人的报酬风险增加，因为绩效测量中一定数量的随机变异现被转化成报酬中更大的变异。但是，如果委托人是风险中性[7]而代理人是风险规避的，使代理人承担任何风险的成本都很高。即使是在委托人非风险中性的情况下，提高激励强度最终都意味着将比所期望的更多的风险转移到代理人身上。委托人将不得不因要求代理人承担风险而对其进行补偿，因此，最终还是委托人承担了这些成本。

那么，委托人在确定所需要的激励强度时，其问题应涉及不得不对代理人（因为其付出了额外的努力以及承担了更多的风险）进行补偿的成本以及因更强激励所引发的额外努力所产生的收益间的权衡。一般而言，解决方案应是向代理人提供比引发完全可观察的最优努力水平所需的激励再弱一些的激励，这时风险与风险带来的成本是无关的。同时，代理人将承担比在无激励需求的有效情况下更多的风险。

该模型非常简单和程式化。但是，其得出了许多有用的预测以及关于激励设计的启发。特别地，在代理人不那么风险规避以及绩效测量能够相对准确地反映代理人实际所做的行为时，应提供更强的激励。激励引发更高努力水平，从而对委托人的价值越高，代理人越容易对更强的激励作出反应，则激励应越强。[8]

这些结论的逻辑都是成本收益。在两个案例，即激励的强度取决于引发努力的重要性以及代理人的努力选择对更强激励的反应中，逻辑非常简单。考虑第一个案例，额外努力的收益越大，要引发的最优努力水平越高，因此激励应更强。类似地，针对激励的努力越多，于是增强激励所导致的额外产出以及价值也越多，激励也应越强。

这些因素可解释大部分公司中的一般模式，即激励强度随着代理人等级的提高而提高。董事长的决策无疑对公司绩效有较大的影响，针对激励，他们有各种方式改变自己的行为。同时，一般而言，提高较低等级人员的努力水平产生的收益较小，且此类员工针对激励所能够使用的手段也较少。在极端情况下,对流水线上的工人支付计件报酬是无意义的,因为对于单个工人而言,如果流水线上的其他人不增加产出,他就没有办法提高自身的产出。

风险规避程度发挥作用的内在逻辑就是,代理人承担额外风险的成本会在其不那么风险规避时降低。因此激励强度通过权衡其承担更多风险的成本以及引发更多努力导致的收益(减去努力的直接成本)得以确定,所减少的承担风险的边际成本会导致激励强度的增加。在风险承担态度取决于财富的情况下,我们可预计高收入者应没那么风险规避且能更好地承担风险。考虑到收入和财富随着个人在公司中等级的上升而趋于增加,那么,这也就是为什么董事长有更多报酬处于风险之中的另一个原因。

绩效测量准确性发挥作用的逻辑就是在测量更加准确且不那么以纯粹随机的方式变化时,激励强度的增加会使得代理人奖励中的无法控制的额外风险更少,由此导致额外风险的承担成本更低。于是,通过较强激励引发更多努力就是值得的,因为这么做的成本较低。因此,在无法准确及时地测量绩效的任务中,最好是基本上不使用显性激励。与之相反,在行动和可观察到的绩效间的关系清楚准确时,可给予非常强的激励。

值得注意的一点是,给予更强的激励与改进绩效测量之间其实是互补的。我们已论证过更好的绩效测量应导致更强的激励这一点,但是反过来也是如此。如果需要更强的激励(例如,因为额外努力的价值已增加),那么使用资源改进激励支付所基于的测量则更加值得。这是因为,提高准确性的价值源自代理人所承担的风险成本的降低,且这些成本直接与所给予的激励强度相关。因此,激励越强,提高绩效测量准确性的收益也会越大。

从该模型中还得出了更为深远的见解。既然要给予显性激励,那就要给予强烈的:不给予任何外显的激励通常比给予较弱的外显激励要好。这是因为,即使在使用正式的激励计划时无管理费用(当然,在很多情况下是有管理费用的),也可能存在分散的使用绩效报酬的固定成本。如果报酬并非取决于测量的结果,那么既定努力水平提供的净收益即为公司的净收益减去工人在该努力水平的成本(这是公司必须向工人偿付的)。如果通过激励来引发更多的努力,那么工人在其报酬中将面临更多的风险。该风险对工人有成本,它提高了所增加的努力的个人成本。[9] 如果所增加的努力的边际成本不为零,那么该费用不会随着公司努力引发的额外努力量

（以及相应的激励强度）的减少而消失。因此，少量的激励支付虽然能引发稍微多一点的努力，但会带来成本的不连续猛增。只有在激励足够强并由此引发足够的额外努力的情况下，（收益）才能够超过这些固定成本。

特别地，如果可用的策略非常糟糕且因此在任何情况下都只能够提供微弱的激励，那么，不提供任何显性的激励可能更好。在这种情况下，可能会寻求另外的手段进行激励。我们将在下文中进行讨论的就是其中之一的"高承诺"人力资源管理。

绩效测量选择

当前我们已假设存在报酬支付所依据的单一测量。但是，实际上通常存在多少能够反映代理人所付出的努力水平的多种绩效测量。例如，股价和财务收益中都含有关于公司管理高层所完成工作的质量的信息，或者也有可能可同时直接监控工人的行为并测量其所得到的成果。重要的问题是将这多种指标中的哪一些应用于制定绩效合同并如何使用它们。

根据代理理论，答案就是报酬应依据任何可免费获得的、能够"说明"代理人的努力提供情况的测量（Holmström，1979）。这里的"说明"是指，与不考虑该测量相比，适当考虑该测量能够获得对代理人实际努力选择的更准确的推测。而且，如果某一测量无法在该意义上"说明"努力选择，则不应使用它。

例如，石油公司的利润不仅仅取决于其员工在寻找石油、控制成本和实现销售额方面的工作好坏情况，更重要的是，还取决于原油的价格。依据所测量的利润来奖励员工意味着他们的报酬中存在大量的随机性，因为油价在两年间可能会翻倍或者变为三倍。同样地，非常好的努力可能因为油价的崩溃而得不到奖励。该变异无任何有用的激励方面的特性，且成本很高。相反，在估计绩效时，剔除油价变动的影响可能会更好。实际上全球能源公司英国石油公司就是这么做的。它在绩效报酬中采用"自助"模式，其中关键的就是，在支付绩效报酬的时候，绩效的变动与原油价格以及汇率的变动无关。这相当于使用了两种测量方式（实际的利润与油价），对公司员工的行为给予了更好的指示。

第4章 现代企业中的激励问题

应注意，这一原则提出了巧妙应用"人们不应为其所不能控制的因素负责"这一格言的需要。显然，不应使用不能够反映代理人努力的测量作为奖励的唯一依据。毕竟，重点在于引发努力，而对与你尝试引发的东西无关的事物支付报酬不会产生任何效果。但是与所测量绩效中的干扰因素相关的变量可用于绩效的评估中，即使其本身与努力不直接相关，也不能直接反映努力状况。原因在于可使用额外的测量过滤某些外在的随机性。英国石油公司剔除油价影响就是为了达到该效果。

这一"可说明性原则"的另一应用是在主管们的报酬方面。主管们获得基于财务收入的奖金以及其部分报酬与股价相关（不管是明确相关还是通过给予股份或优先认购权）是很常见的现象。这从代理理论的角度上看毫无意义，除非财务数据含有在股价中无法反映的信息并与推断主管履行其职责的努力水平有关。根据对股市价格信息的常见假设，即价格反映了公开可得的与判断公司价值相关的信息，公开可得的财务收入数据不太可能会提供在股价所提供的信息之外的关于主管行为的额外信息。股价应是充分的测量值。在另一方面，财务成果可能比较能够说明部门领导的努力。例如，收入这一测量中可能包含了关于营销主管贡献的大量额外信息。因此，这些指标应用于该主管的报酬中，即使他也获得了股票和优先购买权的奖励。

使用多种测量值提高测量绩效的整体准确性看起来可能比较复杂，但这也不一定。这里常见的一个例子就是通过盈利（即收入和成本）来测量销售组织，而不仅仅通过收入。即使销售人员无法控制成本，这么做也可以促使其将努力集中在利润率更高的销售上，而非产生收入最多的业务上。如果销售部门控制着定价，根据盈利奖励销售部门非常重要，因为该奖励制度能够促使销售人员在定价决策过程中考虑成本。

另一常见的例子就是同时根据销售人员的总销售额和其相对全体销售人员的平均值的优劣情况对其支付报酬。考虑到他人做得如何能够过滤掉影响所有销售人员成果的整体市场情况的影响，从而更好地估计特定销售人员的实际工作努力情况。减少所测量绩效中的干扰就是减少奖励中的随机性，这就使得能够提供更强的激励以及引发更多的努力。因此，这就产生了比较绩效评估的基本原理。（当然，这涉及使单个代理人的报酬取决于代理人控制之外的东西，也就是说他人的绩效水平。）同样地，有证据显示，主管的报酬并不单单反映了他们公司的绩效，还反映了其相对于同行业同等公司的优劣程度（Gibbons and Murphy，1990）。这与"使用额外测量减少所测量绩效中的部分变异，由此能够更准确地评估行为并提供更强的激励"这一想法一致。

这一相对绩效评估的极端形式存在于"锦标赛"中，其奖励只依据不同参赛者的成绩排名，而不是他们在绝对意义上的绩效（Lazear and Rosen，1981）。这一制度在高尔夫和网球比赛以及团体运动联盟中都很常见，但其也用于销售竞争中：具有最高销售量的销售人员赢得大奖。实际上促销也往往是锦标赛：绩效最好者赢得奖励，即更高的薪水和地位以及在下次促销中竞争的机会。在难以以定量方式确定和测量报酬所依据的结果但能够明显看出谁完成的工作最好时，锦标赛非常有用。虽然使奖励趋向绝对的绩效是不可能的，但是仍能够确定并奖励获胜者。实际上在某些情况中，锦标赛是与计件工资等明确的绩效报酬一样有效的激励手段。

所有这些例子都或多或少包含可免费获得的绩效测量值，因为它们是在商业或者其他目的的正常过程中产生的。如果测量值必须进行定制和收集，这么做很可能会包含较大的固定成本。这可能意味着只会有部分潜在可得的测量值得创建和使用。不使用所有可行的测量值的另一原因是，所导致的制度最终可能会过于复杂，无人能够理解。在这种情况下，它就无法发挥有效的激励作用。这一可能性会限制要求大量测量值的测量计划的潜在有效性，如"平衡记分卡"制度的某些变形。

在成本可能较高的测量值中进行选择时，公司通常不得不决定是测量投入（行为）还是测量产出（成果）。选择哪一个取决于设计者是否提前了解什么是恰当的行为（Prendergast，2000）。如果他们了解代理人应进行的行为，那么很可能投入测量值是有效的：说明什么是应该做的，检查代理人是否已完成这些行为，如果代理人完成了，支付其报酬，如果代理人没有完成，就将其解雇。[10]因此也就没有必要使用昂贵的激励计划，这也许可以解释为什么绩效报酬不那么普遍。另一方面，如果设计者不知道什么是应该完成的，由此也不知道规定和测量何种行为，那么在这种情况下，测量结果并让代理人考虑如何实现这些结果更好。应注意的是，在环境不确定性导致合同设计者不了解何种行为有必要的可能性增加的情况下，预先所推测的不确定性与激励之间的负相关关系可能刚好反了过来。

代理关系中的多重任务

当我们对模型进行扩展，认识到代理人可能会花费时间进行对委托人有用的多项活动时，就可以得出更多的见解。在这种情况下，委托人既要激励总的努力提供，还得确定努力在各任务间的分配情况。这在两种不同的背景下是很重要的问题。一种情况是所需的活动彼此争夺代理人的时间和注意力，因此一项活动的开展会增加开展其他活动的成本或难度，而且可用的针对两项活动的绩效测量并不是同等准确或及时的（Holmström and Milgrom，1991）。在这种情况下，提供激励诱使代理人对两项活动都投入大量的努力水平的成本就非常高。当对两项任务的绩效测量并不独立，且诱使代理人很好地完成一项任务的激励与引发另一项任务的激励非常不一致时，就会出现多任务背景下的第二个问题（Athey and Roberts，2001）。当任何可用的测量以无法理清的方式混淆了两项活动的结果，提高对一项任务的激励可能会使对另一项活动的激励变弱。在这两种多重任务存在问题的情形中，解决激励问题的办法往往都涉及组织设计的其他方面，尤其是岗位的设计和决策权的分配。

关于第一种多任务问题，我们来举个例子，如在先前章节中所讨论过的提高主动和合作的两项任务。对主动的测量值可能是个体或者经营单位的绩效，其实际上可能是对代理人在此方向上所提供的努力和思虑的较为准确的反映。但是，合作的有效测量很可能要难得多，因为行为本身可能难以进行观察（在其涉及约束那些会损害其他单位的活动时尤其如此）且结果会与其他单位的绩效相关，因此也与其他小组成员做出的努力相关。实现现有绩效和发展新业务是另一例子。第一个任务的绩效相对比较容易测量，而关于投入到第二个任务中的努力的质量的信息相对不那么确定，且其显现比较迟缓。问题在于要诱使代理人对两项活动都投入适当数量的努力。

代理人关于如何使用其时间的选择，即总共提供多少努力以及如何在任务之间进行分配，将受到提供给任务的激励的主导。首先假设各项活动并没有相互争夺代理人的时间和注意力，也就是说，一项活动对于代理人的成本与另一项正在进行的活动的水平无关。接着假设对每种努力有各自的、独立的（但不完美的）绩效测量方法。那么，对一项活动的投入水平的选择不会影响选择另一项活动的投入水平时要面临的成本—报酬权衡。在这种情况下，每项活动的激励可单独进行设置以获得所需的任何水平的两种努力。

但是更通常的情况是，在边际上，活动是相互竞争的，仅仅因为在一项活动上花费的时间不能用于另一项活动（就可以推出这一点）。于是，代理人对一项活动更加努力就会增加其在提供更多的第二项活动时的成本。在这种情况下，增加对一项活动的奖励不但会产生引发代理人对该项活动投入更多时间和精力的直接影响，还会导致代理人减少其对另一项活动的提供，因为提供第二项活动的收益未变而其边际成本已经增加。这意味着对两项活动的激励必须以协调的方式进行设计。

例如，假设对于代理人而言，唯一有关系的就是花费在两项任务上的总时间和精力，而不管分配到每一项活动中的数量，并假设奖励与绩效成比例且每项活动预计的绩效与投入在其中的努力成比例。那么，如果对花费在每项任务上的额外时间的奖励并不完全相同，那么对于代理人而言，最佳的选择就是将其所有时间花费在能得到更好奖励的任务上，因为这可以最大化任何总努力的收益。为使两项任务都获得代理人的时间和精力，在每项任务上多付出的努力的收益必须相同。

由此，针对不同活动的激励的强度倾向于存在互补关系：增强对一项活动的激励使得增加对另一项活动的激励更具吸引力。否则，其他这些活动会被忽视。因此，提供给多重任务的激励应该都是强烈的，或者都相对比较弱。

更一般的情况是，即使代理人在乎不同任务间的时间分配（但一项任务做得更多仍会增加完成更多另一项任务的成本），除非激励得到恰当的平衡，否则代理人会倾向于过于重视得到更好报酬的活动而对另一活动的供应不足。确实，缩减报酬较差的活动不仅能够空出时间来用于报酬更好的活动，还可降低代理人增加对报酬良好活动的供应的成本。在极端情况下，报酬较差的活动会被忽视，即使这一维度的绩效实际上会得到奖励，但是奖励不够多。

林肯电气为我们提供了在多任务背景下使用平衡好的强烈激励的例子。林肯电气以其对个人计件工资的广泛使用而闻名，这一机制用于奖励生产工人，对他们所完成的每一件指定产出支付固定的金额。计件工资对

第 4 章 现代企业中的激励问题

生产大量产出提供了强烈的、直接的激励。危险在于，当提高数量的激励如此强烈时，工人们将会降低质量且不愿意以各种方式帮助解决这一问题，因为虽然这对于公司而言非常重要，但却会使工人遭解雇从而无法赚取计件工资。为防止这种情况，可以根据工作质量、创意产生或合作情况等因素给予工人年终奖。平均而言，年终奖可使员工们已从计件工资中获得的大量收入翻倍。而且，年终奖取决于所评估的绩效，在工人间的差异巨大。这些平衡好的强烈激励已帮助林肯电气获得了无与伦比的生产率以及顶级质量的名声，而这些已经帮助它获得了数十年的商业成功。

但当两项活动的可用测量值在其准确性和及时性方面有很大差异时，对不同的活动提供同等强烈的激励就会产生问题。

一般而言，所测量的活动绩效越准确，对该活动单独提供更强激励的成本就越低，因此可引发更多的精力投入其中。良好的测量可以引发强烈的激励，而糟糕的测量则会引发较弱的激励，因为在测量较差时，更强的激励会导致风险承担成本的更大增加。

然后，假设对两项活动的测量质量显著不同，就如控制当前操作的成本与尝试开发新的业务机会这一例子中一样。所实现的成本很可能是对成本控制努力的相当不错的测量，但是代理人可能很容易在开发创意方面非常努力，但却没有什么可表明这些努力。或者代理人可能想到一些创新的理念，但是评估它们的价值需要时间。在这种情况下，对创新提供较强的激励可能是非常困难或者成本很高的（从风险承担上讲，这是委托人必须偿付代理人的），即使相对而言，对成本控制提供强有力的激励的成本很低且非常简单。

我们已经看到，当活动从边际上并不争夺代理人的时间和注意力时，也就是说，更多地完成一个任务不会影响代理人增加另一任务的努力程度时，这并不是问题。可独立设置对每项活动的激励。给予能够进行良好测量的任务强有力的激励，而对另一任务则提供较弱的激励。强有力的激励将导致大量旨在完成能够进行良好测量的任务的努力，而用于另一任务的努力的低收益意味着这一任务不会获得太多的注意力。但是在委托人从成本和收益的角度来看，每项任务提供的水平都仍是合适的。

但是，如果任务的确在边际上争夺时间和精力，那么给予能够进行良好测量的任务强有力的激励且向另一任务提供较弱的激励将会导致后一任务只能获得很少或者根本无法获得注意，不管这一任务对于委托人而言多么重要。(应注意的是,无法观察到代理人的选择意味着委托人若只是指示或者请求代理人同时进行两项任务并不是很有用,代理人仍会倾向于根据所提供的激励做出对自身有利的选择。)

由此可见,对某些所需要的活动提供强烈的激励可能是个糟糕的主意,因为这些激励可能会成为其他未得到相同奖励的活动的负激励。你会得到你所测量的以及你所付出的这一通用观点在此有非常准确的含义。

举个例子,对教师的绩效工资(Milgrom and Roberts, 1992:230-1)。较为流行的建议是,如果美国公立学校教师的学生在标准化测试中的成绩越好,那么教师们的薪酬应越高。与之相反,现在教师的工资一般依据文凭和经验,因此显性的财务激励相当弱(虽然内在动机明显真实存在且很重要)。该提议的支持者认为,提供更强的激励可使教师及其学生的成绩更好。但实际很可能的情况是,会导致教师进行任何可能帮助学生获得良好测试成绩的行为,特别是绩效在薪酬中很重要的话。还有可能的是会导致他们花费更少的时间和精力在那些测试中不会进行测量的东西上面。实际上,在加利福尼亚州,学校的资金资助的确是与学生在标准化的数学和阅读测试中的成绩相联系的,于是有人声称教师已降低了对其他科目的重视程度,即使他们的薪酬并没有直接受到测试结果的影响。[11]某些其他东西可能非常重要。这不仅包括其他的学术科目(可能包含在测试中),还有一些难以测量的东西,如帮助学生发展个性、教育他们遵守道德和鼓励他们成为好公民。要相对准确和及时地测量教师在这些维度上所做的活动很有难度。所以基于测试成绩的绩效薪酬很可能会导致这些东西被丢掉,即使并未对这样的行为提供显性的激励。更糟的是,这可能会导致不负责任的教师寻找歪门邪道来确保学生成功,如提前弄到测试问题。在纽约州实际上已有过这种例子,在当地,高中快结束时的州考成绩非常重要。

因此,如果需要进行多重任务,最好是对两种活动都给予相对较弱的激励。任何有效的多重任务激励计划都必须进行平衡,在边际上对每项任务给予相似的奖励,且如果对某些任务的测量比较糟糕,那么使所有激励都相对较强会产生对代理人而言难以接受的风险水平以及对委托人而言相应的高报酬成本。那么,激励较弱意味着它们不会促使代理人在任何一项任务中投入大量的精力,即使对于那些在单独情况下可引发代理人投入大量精力、可进行良好测量的任务也是如此。结果,这一活动的绩效很可能

第 4 章　现代企业中的激励问题

会比其单独进行时要糟糕得多。然而，这比另一活动为零要好。[12]

因此，使教师的薪酬与测量到的学生测试成绩脱钩要更好一些。同样，当生产中对质量的贡献难以进行准确及时的测量时，避免使用计件工资是个较好的办法。为当前的成果支付经理报酬会导致他们牺牲公司的将来，这在他们预计要在其行动的影响变明朗之前换工作时更是如此。

应避免在能够简单有效地使用绩效报酬的任务中使用绩效报酬这一建议肯定与业务经理们在过去数十年中获得的信息相反。然而，众多主管们在无法使其员工想出新的创意和发展机会时所表现出的沮丧说明，他们向当前绩效提供的强烈激励有时候可能是起到了反作用。

此处很明显的一个解决方案就是将两项任务分给两个不同的代理人。在无多重任务问题的情况下，可给予一个代理人强烈的激励，另一个代理人较弱的激励。这方法有时候是可行的，在活动需要非常不同的才能或技能或利用不同的知识时，甚至可能是最好的解决方案。

在另外的情况下，分离职责的成本很高。不仅仅是需要支付第二位代理人报酬，而且任务间的任何协同效应都会因此丧失。例如，销售代表可能有机会了解客户的需求，并由此了解产品开发的新机会。那么要求销售人员同时销售当前的产品并将这些想法带回公司会比较有益。但这就产生了多重任务的问题，因为测量两项不同活动绩效的可行性差异很大。对电子部件公司的案例研究（Anderson，1985；Anderson and Schmittlein，1984）阐释了解决方案。

在将想法带回这一行为非常重要时，公司将员工作为销售代表，向其支付薪水（额外的销售额只有很少的一部分或者没有奖金）并要求他们重视当前的销售以及沟通想法。这就是一个针对多任务的、经过协调的、激励较弱的计划。当带回想法的机会更少时，使用外部的销售代表，向他们提供针对额外销售额的强有力激励（要使其注重本公司的产品而非其代理的其他公司的产品，这是必须的）而且并没有郑重地尝试引导他们去开发和分享关于客户的信息。

在极端情况下，分离任务是不可能的：不可能让一个员工负责产量，又让另一员工负责前一位员工生产的产品的质量。在多重任务不可避免的情况下，对于比较难以测量的任务，若能够改进测量代理人该任务绩效的准确性将非常有价值。林肯电气将工人的名字印刷在其生产的部件上以确

_87

定负责每台机器质量的个人,这一行为正说明了这一迫切需求。

第二种多重任务问题涉及无单独针对不同任务的有力测量的情况。例如,代理人可能是两个业务单位的经理。每位经理需要付出努力领导业务单位,他们都能做出可能会影响两个单位收益的决策(关于品牌、与共有客户和供应商的交易、人力资源政策等等)。同时,任何可用的测量都将努力和决策所产生的结果混合在一起。例如,任何常用的财务测量值都无法分离各种特定的影响,如来自经理努力的、来自经理所采取的决策的以及因另一经理所采取的、影响了第一个单位的成本和销售的决策导致的。那么,也就不可能对努力和决策单独提供激励,因为任何奖励计划会同时影响到对努力和决策的激励。困难在于,用于引导更多努力的那种激励可能会导致糟糕的决策,而那些能够引发良好决策的激励则不能够有效地引发努力。因此,存在权衡。

为诱导经理做出针对那些对其他单位有溢出效应的事情的良好决策,经理的激励应反映两个单位的绩效。这是可以实现的,例如,通过将奖金与两个单位的总盈利挂钩。这样,可引导经理注重其选择的全部影响。他同时也有激励努力工作开发正确的投资机会以及做出良好决策所需的信息。当然,如果他的报酬是基于整体盈利,其他单位的绩效会成为与其奖励正相关的因素。

另一方面,为有效地引发努力,每位经理的激励应仅以限于其部门的绩效的测量值为基础。特别地,另一部门的绩效不应在确定经理的薪酬时起到积极的加权作用。确实,如果目标仅仅是引发努力,另一部门的测量绩效往往被认为对经理的报酬有消极的影响。如果因为公共因素,如整体的商业条件等,两个部门的绩效正相关,那么"说明性"原则意味着应使用比较绩效评估。这意味着,当另一部门做得更好时,经理的绩效就没那么好看了,因此他的薪酬实际上与另一部门的绩效负相关。

因此,能够引发良好决策的激励并不能够引发努力(因为该激励使经理承担了过大的外部风险)。另一方面,能够有效引发努力的激励会使经理忽视决策对其他部门的影响,甚至偏向于将成本施加到其他组的决策。

如果各个经理必须自行做出决策,那么体制的设计就应平衡高努力水平和良好决策的重要性。做出更好的决策意味着要使经理考虑到其他部门以及自己部门的绩效,但是这意味着使经理承担了可避免的风险(来自其他部门绩效的风险），而增加的风险成本导致给予的激励变弱。反过来，所引发的努力更少。最佳的计划会平衡这些收益和损失，而平衡点应由努力和决策的相对重要性确定。如果努力更重要，那么激励应主要依据经理自身部门的绩效，由此经理会做出有利于其部门但不一定有利于整个公司的决策。如果他的决策对其部门以及另一部门都有重大影响，那么其报酬应主要依据整体的绩效，由此他不会有很强的动机为其部门的成功努力工作。

如果有可能让其他人为部门做出决策，设计决策流程以及激励计划以获得两个维度上的更好绩效就有了新的选择。例如，设计中可说明，由一个部门做出的但也会影响另一部门的项目决策应该且只能在两个部门都同意的情况下得以执行。最可能的情况是，经理是否同意取决于采纳该决策对其报酬的影响，而报酬又取决于经理自身部门的测量绩效或者两个部门的结果。因为如果有设计良好的激励，每位经理的报酬肯定会随经理自身部门绩效的增长而增加，任何根据这些规则采纳的项目将提高两个部门的测量绩效且按假设应能够提高公司的整体绩效。但是，各部门一般会拒绝那些损害它们的项目，即使项目可增加整体的价值。而且，如果使用比较绩效评估，那么会采用的项目比例会很小。这是因为，有助于提高某个部门绩效的项目在另一个小组的角度来看是糟糕的。因此，项目只有在会给予每个部门同等正向的收益时才会被接受。结果，如果项目一般都是对提出该项目的部门产生主要影响（因此，在使用比较绩效评估时，另外的部门不会喜欢这些项目），但是对另外的部门的确也有直接影响（由此其他小组会否决项目），该制度就会出现问题。

在这种情况下，更好的设计应是：在项目得到两个部门同意时就实施项目，两个部门无法达成一致意见时，决策就由第三方制定。在其他条件相同的情况下，应给予第三方激励以确保采用良好决策，并同时给予部门经理激励以促使其努力工作。由此，部门经理会接受能够同时提高两个部门的测量绩效（如果这两个是唯一受到影响的部门，也是公司的整体绩效）的项目。同时，整体而言有价值但是对一个部门不利的项目会提交给第三方，而第三方会同意这样的项目。一般认为提交给第三方这一过程的成本较高，这就是为什么在受影响部门能够达成一致意见时由他们做出决策更划算的原因。

实际上后一过程与 IBM 曾使用过的"赞同"制度相当类似（Vance, Bhambri and Wilson, 1980）。在该安排下，业务部门必须在实施其项目前获得其他所有受影响部门的签字同意。如果无法获得赞同，则是否执行的决策会被转交到部门直接上一级的上司。如果上司不同意，则项目会继续向上传递直至到达能够管理所有受影响部门的共同上司手中，并由该上司做出决定。该过程最高可到达执行委员会，实际上也的确会时不时地发生这种情况。

其他包含激励合同和决策流程的设计在其他环境中可能是最佳的。关键在于多任务引发了问题且解决方案可能会涉及组织设计的多个方面。

团体绩效报酬

许多管理学专家以各种理由反对个人绩效报酬。其中的一个主要观点是，个人绩效会摧毁合作和团队作业。如多重任务的逻辑所表明的，这种影响的确可能存在，而且这在绩效是依据相对结果进行确定时尤其如此。实际上，破坏同事的绩效可能要比提高自身绩效容易得多。

当然，只要将团体看作是联合行动的，前述理论就可应用于使用基于集体绩效的奖励来激励团体。最直接的一个例子就是，在加利福尼亚州，根据乔木水果采集者团队填装的总箱数来支付团队的报酬。问题在于可能会有搭便车行为，因为任何团队成员额外努力的成果都是在整个团队中共享的。但是通过团队内的相互监控（特别是在团队不大时），可有效地限制由想搭便车导致的偷懒行为。这是支持为了确保绩效的可测量性和奖励的目的应保持团队较小这一观点的论据之一。同样必要的是，应建立努力工作的团体准则，且团队应强制各成员执行。当然，也可能出现团体偷懒的"规范"。举个例子，如罗伊对一家机械商店的经典研究（Roy, 1952）中记录了工人们如何对付出过多努力的同事进行惩罚并威胁破坏超额雇工准则的行为。由此可见，管理经营文化中的这一因素是管理中非常重要的任务。

这些搭便车问题尤其与根据公司整体绩效支付报酬的常见做法相关，不管支付报酬的方式是奖金、利润分享、股票授予还是优先购股权奖励。在拥有上万员工的典型大公司中，搭便车问题会特别严重。假设一个员工的努力会创造数百万美元的额外收入。那么，如果公司比较大方，这可使额外的数十万美元进入奖金池。但一层层下来，到员工手上至多只有数千美元。更可能的情况是，员工获得的还要少得多。因此，从纯财务的角度上讲，在理性情况下，只有当付出额外努力的成本比其预计会获得的额外奖金要低时，员工才会做出额外的努力。但是，对于组织来说，额外努力的价值是该金额的很多倍：100万美元。理性情况下，员工肯定不会提供全部努力，因为收益是共享的而员工自己要承担所有的成本。若是股份报酬，情况甚至更糟。[13]员工从自己行为所创造的价值中所获得的比例仅是其拥有的股票份额，这个数量几乎是微不足道的。

因此，若将股份报酬作为直接的激励工具，效率非常低。但它很常见，且不仅仅只用在管理高层。虽然给予员工所有权肯定有别的原因，如鼓励员工将特定的人力资本投资到公司（Roberts and Van den Steen, 2001），但用于促进努力，它看起来并不是明智的方法。

对该报酬方式为何如此普遍的合理解释可能在于，它能够支持努力工作和相互监控的准则。如果股份所有权能够以某种方式改变员工的心态，使他们"像所有者那样思考"，那么，它可以算是有效的激励手段。特别是如果公司将其与其他各种措施结合形成"高承诺"工作制度（见下文），那它的激励作用很可能就比较有效了。

操控绩效测量

反对绩效报酬的第二个原因是，在太多情况下，可用的测量是可操控的，也就是说代理人能够找到方法提高所测量的绩效，而这要比完成所需的活动简单多了。因此，可通过降低为公司创造的实际价值达到更高的测量绩效。这样的例子非常多。保罗·奥耶（Paul Oyer, 1998）已证明，因年度绩效目标的实现而支付奖金会导致经理加快或者延迟本年最后一季度的销售以达到目标，且并不"浪费"超过目标的销售额。这提高了代理人的报酬，但对公司无益。亨氏食品公司要求部门经理实现每年稳定增长的成绩才能获得奖金，但经理们会操作账目以达到目标（Horngren, 1999：937-938）。当资本市场开始要求稳定的收入增长时，这种操作变得异常普遍。近期更为恶劣的实例中有两个——行业巨头安然公司和世界通讯公司，均在被揭穿其进行操作以掩盖自身的真实绩效和维持股价后陷入破产。安然的手段较为复杂——通过将资产转移到名义上不相关但实际上由安然的管理高层控制的企业，虚报真实的资产负债情况和盈利率。去掉水分后，公司的收入比原报告水平降低了三分之二。世界通讯公司的方法更简单——为提高收入，它公然将数十亿美元的日常开支记为资本支出，将一次性收入当作持续产生的收入。对于管理者而言，这些造假要比通过实际真实地创造收益以提高所持股票的价值简单得多。

　　这些例子涉及对公司高级管理者和/或股东的误导，但是消费者也可能是目标受害者。1992年，美国西尔斯罗巴克公司试图通过设置工作量目标以激励汽车修理公司的汽修人员。汽修人员做出的反应是：告诉消费者其需要修理实际上不需要修理的转向或者悬挂装置。因为消费者自己无法简单地证实修理的需要，于是许多人都为不必要的工作买了单。当欺诈行为被揭露，西尔斯公司不仅要支付大量的罚款，也丧失了大部分其曾在客户间享有的宝贵信任。

　　在部分例子中，问题在于激励的设计过于糟糕。当且仅当目标达成时才给予固定的奖金等于是在要求代理人达到目标但不做任何更多的努力。这就会导致操纵销售时间以及篡改内部账目的问题。

　　在另外的案例中，直接监控部分行为有助于控制这种操纵。西尔斯罗巴克公司的激励计划导致了所完成工作类型的巨大转变，额外的业务被集中在修改能够被轻易扭曲的修理需求上。如果公司的经理们能够监控浑水摸鱼者，可能就能够发现欺骗行为了。安然公司和世界通讯公司的高层声称其对账目作假不知情。如果他们的确不知情，他们必然未尽职尽责去监控。

　　使报酬对可被操纵的测量不那么敏感也是一种恰当的应对方法（Baker, 2000）：如果安然的员工与公司的股价和优先购股权不那么息息相关的话，他们很可能不会如此急切地想要推高股价。

　　限制对激励的操纵的另一重要方法是避免刻板的奖励计划，用更为主观的评估和建立在主观评估基础上的奖励取而代之。实际上，在提供激励时，主观的评估以及主观确定的报酬是对直接绩效报酬的重要替代选择。

第 4 章 现代企业中的激励问题

主观评估

基本代理理论假设能够根据可观测到的绩效测量制定可执行的合同，即使无法直接用合同约定实际所需的行为。但在很多情况下，可以获得关于绩效的信息，但这些信息因各种原因不易用于明确的合同中，如该信息太过复杂、难以进行说明，或者可能执行合同的第三方难以对其进行核实。然而，如果奖励（不管是报酬、升职还是其他不那么有形但仍比较有价值的东西）能够与此类信息挂钩的话，那么此类信息肯定会对激励有用处。

如果公司激励的实施实际上是基于在奖励已赚到后才支付相应奖励的承诺，问题就会随之产生，至少有两个问题。

首先，工作一旦完成，委托人就可不兑现所承诺的奖励而获利。最常见的做法是拒绝支付奖励，谎称绩效未令人满意。无明确合同意味着受骗的代理人无法通过法院执行协议。但如果委托人的承诺对代理人不可靠（在食言发生一次后，承诺肯定就不再可靠了），它们在最开始时就不能引发努力。确实，即使委托人还未曾进行欺骗，如果代理人了解委托人所提供的激励，他就不太可能相信委托人能够诚实支付奖励，因此也就不会努力工作。

类似地，在评估时所感觉到的任意性以及模糊性都会降低激励。如果主观评估的依据对代理人而言不清楚，那么代理人就不会以所需的方式改变行为做出回应。偏见和偏好同样会成为问题。如果员工认为奖励会流向受偏爱者，而不是应得者，所允诺的奖励就不会引发所需的行为。

也有可能委托人过于宽容，支付实际上并未获得的奖励。这在委托人代表自身行事时几乎是不可能的，但如果委托人同样是代理人且并未得到很好的激励，那么这就很可能会成为问题。例如，董事会的薪酬委员会可能会在公司绩效很差的情况下给予 CEO 非常不错的报酬，因为他们对 CEO 比对股东更为忠诚。他们能够逃脱该行为的责任，因为由于搭便车行为和信息不对称，股东没有也无法有效地监控董事会。

主观绩效评估的第二个主要问题在于，它容易引发影响活动。在没有清楚说明、没有得到双方理解且没有明确的绩效评估依据时，代理人有充分的理由试图影响委托人的判断和决策。代理人可引导舆论和证据表明自身的确做得很好，也有理由期望这可能会影响决策。而且，如果评估涉及比较，那么代理人同样有动机试图使他人看上去很差。危险在于，整个体系变得政治化，最终奖励的获得是因为诡辩、自我推销和阴谋破坏的成功，而不是因为完成职责。此类激励的缺陷非常清楚。

大部分此类问题可通过委托人的名声这一机制得到解决（Baker, Gibbons and Murphy, 1994）。如果委托人未曾有投机行为的记录，向来遵守其未进行合同约定的承诺而不会受到有影响活动的影响，那么代理人可能会依据这些过去的行为推断将来。因此，他们会受到委托人承诺的激励。代理人预计委托人会遵守承诺，因为不遵守承诺会损害委托人的名声并由此损害其将来激励他人按其要求的方式行为的能力。实际上，委托人的名声已成为能够通过同时影响委托人和代理人来创造价值的资产。

名声

在很多环境中都可产生名声，且在所有情况下可适用同样的整体原则。特别地，经理们（代理人）会因考虑到自身在劳动力市场中的名声而努力工作和实现良好的绩效（Holmström, 1982a；Gibbons and Murphy, 1992）。即使针对绩效没有明确的报酬，做好工作也将增加他们的市场价值，而这会影响到他们将来的报酬。但在下文中，我们仍是在委托人—代理人的框架下展开分析，探讨委托人如何利用其名声通过非合同奖励来产生激励作用。

名声机制若要发挥实际作用，则在每次打交道的过程中，从维护名声不受损中所获得的收益必须超过从违反信任和违背承诺中获得的利益。完好名声的价值在于，它可使他人相信委托人的承诺并因此愿意按照委托人希望的方式行为，即在当前环境下更勤勉和机敏地工作。这意味着委托人必须有机会在将来使用自己的名声，而且使用完好名声来影响行为的将来收益相对违约的即时收益要多得多，且委托人并不会过于贬低未来的收益。

第4章 现代企业中的激励问题

频繁重复的交易，不管是和当前的代理人还是和别的人，都为在未来使用名声提供了基础。这意味着各方每次打交道时，委托人必须预先考虑获得名声收益的额外机会。因此，必须存在交易会无限延伸的可能性，短时性是名声形成和使用的一个主要问题。同时，增加打交道的次数和频率能够通过提高维持名声的回报促进良好行为。

为能够从名声中获取较为重要的未来收益，会在将来与委托人进行交易的代理人同样必须能够在诈骗行为出现时发现和确认它，即便自己并未受到直接影响。而后，他们必须愿意且能够通过改变行事方式（与在承诺兑现情况下的行为不同）惩罚欺骗行为。所有这些都限制了使用名声的可能性。在绩效难以描述的情况下，测量是主观的，任何承诺都会变得模糊，如何知道隐性的协议是否已被违反就成为了问题。我的绩效是否值得更好的待遇以及更多的回报？你的呢？代理人是否愿意在其明显受到欺骗时惩罚委托人？惩罚对于惩罚实施者的成本不能过高，否则就不会自发地实施惩罚。在这里，公平感（即希望伸张正义的愿望）会发挥作用，或者，对报应的心理需求也能起到促进作用，这是因为它们可以降低惩罚违规者的成本。于是，它们阻止了欺骗行为。

如果委托人非常不重视未来的收益，那么，即使通过维持公平交易和恪守承诺的名声能够引发未来良好行为这一巨大收益也不足以激励委托人。就算是最为高尚的委托人，如果面临破产威胁，也会发现违背曾许诺但未签订契约的奖励的即时收益非常诱人。委托人意识到自己的名声可能会受损且这意味着将来的任何交易都会更加困难。但是，如果要在遵守协议而破产与违约而续存之间作出选择，那么委托人会做什么选择就很明显了。

虽然看起来名声在公司的奖励机制中发挥了巨大的作用，但关于其使用的一些非常显著的证据是出现在合同法体系未得到良好建立的经济体的交易中。约翰·麦克米伦和克里斯多夫·伍德拉夫（John McMillan and Christopher Woodruff, 1999a, b）研究了越南的新兴私营企业。在越南，交易无法指望法庭执行合同。因此，其高度依赖于名声。在同一行业中的人们定期聚会讨论哪位客户拒绝付款，由此避免在将来与欺骗者进行交易。这提高了在特定交易中行骗的成本，因为是所有的销售商而不仅仅是某一位销售商会惩罚欺骗者。于是，这就支持了更好的行为。同样，大量精力用于在承担供货风险之前筛选潜在的客户。在交易伙伴间建立成功的合作关系后，该资产就可重复使用，而且就算在增加商业活动范围、彼此之间进行更多交易时这也同样适用。这利用了稀缺资产：信任。而且，这同样促进了每次交易中的合作行为，因为在众多交易中有更多资产处于风险之中。

名声的价值以及在长期内都拥有名声的重要性（由此有更多的机会使用该资产）显示了组织永续存在的公司相对于进行纯粹的个体间市场交易的优越性（Kreps，1990）。从原则上讲，公司是永久存在的。而且，它比任何个体都拥有更多使用所形成的名声的机会。因此，公司可以成为支持高效交易的有效机制。

PARC 和激励

正式的代理理论倾向于强调应使用合同进行激励。然而，这些仅是能够用于激励的部分手段而已。实际上，组织的所有方面可单独或者整体使用，如管理远见和战略。我们将在下文中使用几个例子进行说明。

管理远见是指对所渴望的世界和商业的未来状态的清晰设想。例如，诺基亚在20世纪90年代初期的远见就是"语音将会无线传递"。手机将变得无所不在，所以对诺基亚而言它是非常有吸引力的业务。苹果公司的斯蒂芬·乔布斯（Steve Jobs）和史蒂夫·沃兹尼亚克（Steve Wozniak）的远见是个人电脑同样将会变得无处不在。具备非常清楚和明确的远见的领导能够对员工产生非常强的激励作用，由此会引发更多的努力并主导其分配，这是因为员工非常明确自己能够获得什么回报（Rotemberg and Saloner，2000；Van den Steen，2002）。战略可发挥类似的功能（Rotemberg and Saloner，1994），如果清楚知道公司将要做的和不会做的事情，用对地方的努力得到回报的可能性越高，因此，提供该努力的可能性也越高。

当我们将分析转向组织中，首先可使用人员这一维度。公司所吸引并选择的员工是什么人对于员工的动机有巨大的影响。很明显，公司应努力吸引那些对公司正在进行的工作有兴趣或受其鼓舞的人才。如果人们喜爱自己的工作，激励他们的问题就要小一些，这点是相当直观清楚的。更正式的说法就是这种匹配减少了导致动机问题的利益分歧。同样，这也有利于使人员与能够提供的报酬相匹配。例如，如果想要提供较强激励，但是绩效测量并不十分准确或者结果难以预测，那么，安排在这些职位中的职员不应是非常不乐意承担风险的人，这非常重要。在只能提供非金钱报酬的情况下，那就要选取那些重视可能的奖励的人员。

在该情形下，认识到所提供的正式薪酬体系会引起潜在员工的自我选择很重要。组织惯例的因素会影响组织的人员维度。例如，沙夫利特汽车玻璃公司的业务是在现场更换坏掉的汽车挡风玻璃，该公司实施计件工资，取代了之前所用的支付给安装人员的时薪。变革之后的一年内，生产率提高了44%。一半的收益源自计件工资的激励效益，它使安装人员更努力并更快地工作。余下的22%的改进是因为选择效应。愿意努力工作使自己脱颖而出的人被吸引到沙夫利特公司，因为在该公司努力能够得到回报。生产率最高的那些工人的流动性大幅下降（Lazear，2000）。

林肯电气在20世纪90年代初并购了数家国外公司，其后的表现充分证明了人员与组织中其他因素相匹配的重要性（Bartlett and O'Connell，1998）。林肯电气的薪酬制度向愿意和能够非常努力工作的生产工人提供额外的金钱奖励。在其本部克利夫兰，人们很理解这一条款，自我选择也很有效。公司的员工离职率远低于平均水平，员工们在可能时愿意大量加班，而且，因为工人们急于工作和赚钱，实际上公司不得不做出规定，要求生产工人到达生产现场的时间不得早于上班前半小时。但公司尴尬地发现，数个被收购的国外工厂的员工的偏好似乎与克利夫兰的员工们有很大不同。他们对计件工资的反应并不积极，他们不愿意加班，而是更喜欢休假，这与林肯员工很不同。收购失败了，林肯遭受了营业整整一个世纪以来的首次亏损。

组织结构同样可用于影响动机。例如，创建较小的经营单位可通过各种不同的机制产生较大影响。首先，这使得能够更准确地测量绩效，并因此为给予更强的激励创造有利条件。在这方面，ABB做到了极致。在20世纪90年代初，ABB有超过1 300个独立的经营单位，每个都是有自己的资产负债表的独立公司。这些公司又分解为5 000个盈利中心，平均每个有35名员工，经营单个地域市场中小范围的产品。这些单位的经理根据单位绩效获得薪酬，公司的ABACUS报告系统对该薪酬进行详细的记录。创建此类小单位的第二个作用就是，它使人们能更清楚地看到自己努力的影响，而这本身就可直接激励员工，不管薪酬是否与绩效挂钩。人们倾向于将更多努力投入到自己认为能够促成变化且其产生的结果对自己而言比较清楚的任务中。内在动机的增强在不易于采用直接绩效报酬的情况下尤其重要。同样，小单位中的组织行为能够降低搭便车行为的程度，因为额外成果的收益只在小范围内进行分享。

界定组织单位的依据也同样会影响动机。最简单地，组织的依据确定了对重要事物的认知。例如，功能型组织中的人员很可能会重视其相应功能的优异性。工作按功能定义这一事实表明，功能的优异性对于组织设计者非常重要。与最接近的同事（功能一致）自然而然发生的紧密且频繁的接触强化了将该功能的优异性视为核心的趋势。同样，因为评估是由在同一部门中的其他人完成的，奖励更可能流向表现出该功能优异性的那些员工。相比之下，根据客户群或者生产设施进行组织会将人们的注意力引向相应的方向。

近期"前—后"组织模式的流行反映了结构对动机的影响。在该模式中，根据功能将生产和开发产品组织作为公司的"后端"，而公司的"前端"，即面向市场的单位，主要业务为与客户沟通。该理念是要在保持客户导向重点的同时获得功能优异性。相应地，两类单位按照不同的方式进行测量和提供薪酬。那么难题就变成前端和后端的有效协调。在这方面，石油和汽车行业的管道供应商 Tenaris 具备完善的供应管理系统，能够联结其在 20 多个国家运营的根据客户分类的前端运营单位以及作为组织后端的全球 8 个生产工厂。

组织结构对动机和行为的影响同样是斯坦福大学商学研究生院决定不把学院分为多个系的原因，虽然很多其他领先的商学院具有院系结构。斯坦福大学的教授被组织成多个功能不同、相互重叠的团队，如 MBA 教学、博士生监督、师资招聘，而且这些团队的成员组成随时间变化。该系统在管理上比较复杂，若按照部门进行组织肯定会简单一些。使用该系统的原因在于，研究院希望在教学和研究中促进跨学科互动，而且它担心系科界限会阻碍跨领域的合作。

公司的外部界限同样可用于影响动机，在多任务背景下尤其如此。例如，公司经理能够同时促进当前的绩效和投入努力支持将来的增长可能很重要。测量当前的绩效比较简单，但要说明将来的投资是否恰当就很可能比较困难。如果公司是大型企业中的一个单位，未来就可能会被忽视。

(当经理能够在任何投资结果变明朗之前换工作时尤其如此。)那么，使单位脱离母公司并给予经理较多该单位的股权会比较好，因为由此经理会获得源自股价的更为平衡的激励。当然，市场也不太可能完美地评估投资，但投资者的确会非常积极地测量这一维度的绩效，因为其个人资产净值同样处于风险之中。因此，市场的评估很可能相当不错，而且必然具备内部测量通常欠缺的真实性。

某人是否应该是使用公司所提供的工具的员工或者自身拥有工具的外部承包商？这一问题同样与动机问题有关（Milgrom and Roberts，1992：231-232）。所期望的是在工作中使用工具的人能够同时生产产品和维护工具。测量或者准确推测工人投入生产的努力可能相当简单，但是区分工具是否得到良好呵护相对比较困难：众所周知，确定生产资料的实际折旧情况非常困难。因此，能够准确测量一项活动，但另一项活动测量不准确。然而，明显需要平衡好的激励。使某人成为员工、向其支付基本与产出无关的薪酬，并使员工具备自己的工具可实现平衡好的较弱的激励。最可能的情况是，因为无论工人如何使用自己的时间，得到的报酬都是一样的，所以他会愿意依照公司的要求在生产和维护之间分配努力。另一方面，如果工人像独立的承包商那样拥有自己的工具，那么他就承担了用于维护的努力的所有成本和收益。于是，应对工人生产的产品给予同等强度的激励。在雇佣关系之外提供平衡好的较强激励很容易。引人注意的是，相比进行相同工作的员工，承包商在更多时候面对明确的绩效激励。那么，两种方案哪种更好取决于工人购置工具的能力、承担风险的能力以及引发高水平努力的重要性。

公司边界可能影响动机的另一种方式是通过外包实现的。将供应转到外部承包商可减少组织内的影响活动，因为买家和卖家并没有共同的老板。

决策权的分配同样会影响激励。对经理授权会使他们能够更好地收集信息和做出选择，因为他们预计到自己的行动具有自己可控的结果（Milgrom and Roberts，1988b，1990a；Aghion and Tirole 1997）。相反，如果其决策经常被否决，就会降低其动机。该授权的成本在于所做出的决策对于经理而言是最好的，但对于公司整体而言却未必是，除非薪酬制度或者其他机制能够使二者利益一致。

最后，公司所采用的财务和所有权结构会在很多方面影响激励。公开交易的公司对股东负有有限责任，允许股东使自己的股份多样化，这促进了更多风险承担行为。其中更易被承担的风险是那些将实际的业务经营授权给他人（包括职业经理）的风险。不利的一面是这样的授权降低了所有者进行监控的动机。相较而言，合作企业的成员会非常积极地监控公司内的决策。20世纪80年代普及的管理并购是将代理人变成委托人，这在很多情况下大幅地提高了绩效。有单一的大股东而不是分散所有权影响了所有者监控主管和经理们的动机，同样受到影响的还有代理人的行为。回购股份使得主管们所持有的一定数量的股份成为更强的激励，因为主管们现在享有公司价值的任何变化中的更大部分。

流程和惯例同样可用于改善代理人问题。一个重要的例子就是改进绩效的测量。这可通过投资于测量系统以减少所测量绩效和代理人实际完成绩效间的差异来做到，方法如制定不易被操纵的测量值或增加含有额外信息的测量值。从上文概述的理论的角度看，这些都能够提供更强的激励。

例如，制定实际行为的不完善指标而非只依赖结果可能会非常有用，特别是在结果不确定或者延迟出现时尤其如此。赌场运营者花费大量精力监控员工和客户的行为，而非依赖任何类型的基于结果的奖励或者惩罚来阻止行骗。风险投资者持续将新创立公司的资金用于度过"关键点"，基本上是因为，财务数据并不是很能说明问题。信息系统通过增加绩效测量的准确性和及时性以及使得奖励与绩效间的联结更为有效而发挥重要作用。

如上文所提到过的，在测量不具备同等准确性时重新界定工作以减少多任务的需求同样能够产生更强的激励。更一般的情况下，工作设计可对动机产生重要的影响。

文化也会成为处理动机问题的一个因素。关于个人应如何努力工作、承担何种风险以及一般何种行为是恰当的等准则在公司甚至在公司内的各单位间也是千差万别。这些准则的执行由社会压力和遵守的需要所驱动。只要经理能够培养出重视绩效的文化，动机问题就会消失。我们用两个例子来说明这一点。

英国石油公司已将其勘探和生产上游业务细分为小型的经营单位，并将这些单位联结到同侪小组中，其中每个小组约有十个面临类似技术和商业难题的经营单位。公司积极鼓励同侪小组的成员在处理此类问题时相互

第 4 章 现代企业中的激励问题

寻求帮助。小组间的会面也比较频繁，无须任何总部人员在场。

慢慢地，公司形成了跨经营单位的强大人际网络（以及友谊），并制定了关于最佳操作分享和回应求救请求的有力准则。结果获得了非常高的跨单位合作水平，虽然实际上绩效管理系统并未追踪或者明确奖励此类行为。

分享最佳操作实践是英国石油公司降低成本和提高销售额的驱动力的关键部分之一。起初，经营单位经理的薪酬与单位的成本和产量绩效挂钩。随着成本和产量绩效非常重要这一强烈的共有信念的形成和该信念渗透进整个组织，以及单位经理将实现其承诺的绩效这一准则的形成，经营单位领导薪酬与其绩效的明确联结就变弱，最后消失。价值观已充分内化，已无须显性的激励来促进经理们实现绩效，而且可改变薪酬体系用于促进行为的其他方面。

在芬兰的手机生产商诺基亚公司，文化对激励也至关重要。在 20 世纪 90 年代初，诺基亚濒临破产。当时获得控制权的新管理高层帮助创造了"每个人都应致力于公司的成功"的文化。这种文化鼓励个人的主动行为、努力工作和在技术动荡环境中的理性冒险。在这种环境下，低中层人员能够根据自身的信息快速并果断地进行行动非常重要。成功会得到表扬，而失败也不会被惩罚。即使在 1995 年因物流管理方面的问题导致股价下跌 50%，也没有人被解雇。在员工间以及员工和管理高层间营造了相互信任的氛围。担忧这一企业生命过程中经常出现的重大问题被消除了。公司仅仅是希望员工们竭尽所能，并相信他们会按有利于公司最大利益的方式去行为，而员工们就是这么做的。

诺基亚成为 20 世纪 90 年代最成功的公司之一，并一度曾为欧洲最有价值的公司，而且即使在电信行业的泡沫破灭后其成功仍持续着。它持续推出很好的新产品，并同时实现比竞争者更低的成本，这主要是通过高度自律的运营。而且，这都是在员工的薪酬并不比公司外部的选择更高、奖励与团体或者公司整体绩效挂钩的背景下实现的——一位高级主管曾描述说诺基亚人"乐于低薪酬"。

"高承诺人力资源管理系统"模式呈现了使用多种不同的 PARC 元素来实现激励的例子。如该领域中最优秀的著作（Baron and Kreps, 1999：190）所概述的，此类系统的关键因素包括有保障的雇用（非常恶劣的不良行为除外)、平等主义的价值观和准则，组织生产的自我管理团队，使工作更为有趣和有意义的努力，很可能包括团队、单位或者公司（但不是个人）绩效薪酬的奖金薪酬，严格的雇用前筛选、广泛社交和员工培训，公司内信息的透明性以及员工和经理间的公开交流渠道，注重首要目标（如公司愿景）的强大文化、对员工在象征意义上和经济上对公司的"所有权"的有力强调。基本的交易就是员工为了公司的利益努力且聪明地工作以获得良好的薪酬、授权、信任以及有趣且有意义的工作。他们一开始这么做并没有任何明显的显性正式激励，因为他们发现自身与公司的利益的关系要比在代理模型中所假设的更紧密。除此之外，员工间的相互监督和社会压力强制了他们进行所需的行为。筛选、社交和愿景的认可有助于保证执行机制的有效性。[14]

在难以准确测量绩效由此也难以通过相对直接的奖励体系提供激励的情况下，此类系统更具吸引力。建立高承诺的系统存在成本，其中大部分是固定且沉没的。薪酬要比吸引和留住工人所必需的最低水平高，筛选和培训的成本较大，创建信任的氛围并不容易且不会自动发生，而且使员工和经理们参与系统可能很困难。如果它能够比显性的绩效薪酬体系引发足够高的努力水平，那它就是值得的。在努力非常重要但绩效测量非常差时很可能是这种情况。

此类系统中的愚蠢之举就是保证标准不变，因此导致低努力水平和高成本。肯定会导致这一结果发生的情况就是工人们对管理层失去信任，因为后者看上去要么已违反交易的条款，要么并不信任工人。该例子表明了使用测量和奖励的明显矛盾。密切监控行为并明确地对其进行奖励，特别是财务上的，会降低信任。近乎有普遍意义的相互作用规范会导致工人们在认为自己被信任且公司对其很好时实现很高的绩效。但当工人们被密切监控且公司引进明确的激励报酬时这些准则就不再适用。文化因素和显性的绩效激励只能二选一，至少在特定范围内如此。在该情况中，如果文化支持高水平的努力提供，明智的做法就是不使用显性的激励报酬。当然，对于测量体系所支持的少量激励工资，若其削弱了信任文化和相互作用规范，那就没有真正的价值。

更一般的情况是，考虑不同机制在影响激励时的相互作用很重要。虽然组织设计的一些因素在激励员工时是互补的，但其他因素可能是相互冲突和削弱的。绩效奖励在绩效能够进行较好测量时更为有效。创建小型的经营单位在经理得到实际授权时更为有效。另一方面,根据强制性的流程和程序对行为过于密切的监控会摧毁授权的激励作用。在余下的章节中,我们将回到设计激励体系的问题上来,考虑设计者试图实现的更具体目标。

注释

[1] 对这一主题的调查研究,参见 Gibbons(1997)、Gibbons and Waldman(1999)以及 Prendergast(1999)。

[2] 尽管激励问题会在团队层面上体现出来,但我们还是将讨论的重点放在个人的激励问题上,因为从逻辑上来说,它是在前的,而且在这样的情况下,绝大多数观点都会更加直接。

[3] 对 CEO 在进行并购时的动机问题的分析,参见 Avery, Chevalier and Schaefer(1998)。

[4] 这并不是说,名声方面的关注在这儿不起作用。但是,行为无法被观察到这一事实意味着会出现一些不可避免的低效率。

[5] 简单代理理论的基本出处是 Holmström(1979),还可以参见 Hart and Holmström(1987)的调查研究,以及 Milgrom and Roberts(1992:chapters 5 and 7)的初步正式发展。

[6] 最简单的情况是,当代理人的努力水平要么是高(勤奋工作),要么是低(偷懒)的时候,根据所选择的努力水平,不同结果出现的概率也会发生转换。事实上,从一般化的公式中所得出的绝大部分见解也可以在 Hart and Holmström(1987)中找到。另一种重要的情况是,当代理人的偏好表现出对其货币收入与努力成本之差的恒定的、绝对的风险规避(因此不存在收入效应)时,绩效会直接根据所选择的努力水平而变动,绩效测量中所加入的噪音项是正态分布的,且合同是线性的,参见 Holmström and Milgrom(1991)以及 Milgrom and Roberts(1992:chapter 7)。这一情况给出了内容丰富的预测和解释,我们的讨论也很大程度上是基于这一情况。

[7] 在某些时候,委托人为风险中性这一假设是一种合理的估计,例如,当我们考虑一家大型公司——这家公司由股东拥有,而股东可以分散他

们的投资,因此很大程度上不会过于关注一个人的工资所代表的企业收益的变动——的雇员的薪酬的时候。

[8] 激励的最优强度(在注释6所描述的线性例子中)直接与额外努力给委托人带来的预期边际收益成正比,与某个项(等于1加上三项之乘积,这三项分别是:测量误差的方差,代理人的风险规避参数,刻画代理人的努力水平选择与激励增加之间的关系的反向指标)成反比。我们所声称的结论正是从这一关系中推断而来。更多详细内容请参见 Milgrom and Roberts(1992:chapter 7)。

[9] 这种依赖实际上是对于报酬的可变性的依赖,而报酬的可变性又取决于激励的强度。但是,代理人的最优努力水平选择会导致努力的边际成本等于边际激励强度,从而风险成本能够用努力的边际成本进行表示。

[10] 除非监视确定可以抓到一些不端的行为,否则所付出的必定会超过雇员的最优外部选择水平,因此被解雇是成本高昂的,终止雇佣关系是一种实实在在的反向激励。额外支付的报酬被称作"效率工资"(efficiency wage),因为给雇员支付比其机会成本更高的报酬可以提高努力水平和效率。

[11] San Jose,Mercury News,October 2,2000。

[12] 考虑以下这一极端情况是十分有用的:代理人的努力成本仅仅取决于代理人所提供的总努力数额,而与其在各项任务间如何分配这些努力无关,努力的边际成本随着努力水平而线性增加,报酬是对每一项活动所测量的绩效的线性函数。如果要激励代理人同时进行多项任务,那么各项活动的激励强度必须相等。在这种情况下,相比单独进行某一项任务所给出的激励而言,激励代理人同时进行多项任务的最优线性报酬计划应给出严格的较弱激励。因此,多任务情况下的总努力水平要严格低于仅从事一项活动时所引发的努力水平,甚至要低于其中那个测量结果比较差的。

[13] 现实中为个人或小团队所取得的绩效支付公司股份的做法并不符合这一批评,因为这一批评针对的是这种情况,即,并不是出于持有股份会激励努力这一想法而支付给雇员股份,而且支付给雇员的股份数与其当前绩效无关。

[14] 对这些制度的一种解读就是，它们涉及一个绩效工资（见本章注释10），且员工们会付出大量的努力，因为如果他们集体不这么做的话，企业就会恢复更加标准的人力资源管理制度，而这些更加标准的人力资源管理制度对员工们不是那么有利。

第5章 为绩效进行组织

本章中，我们将力图应用在前面章节中所形成的概念和理论以检验公司是如何根据其当前的战略来组织自身提高绩效的。关键是要设计一种组织，以在公司这一形式以及公司所产生的且意图控制的相互依赖性中所隐含的限制条件内尽可能地提供集中的、强烈的激励。这么做必须进行各种结构和惯例的选择，这一选择过程由文化变革所支撑，可统称为"分解"。关键的构建因素包括：重新定义公司的水平界限和垂直界限以提高战略重点；在组织内创建相对较小、拥有重要决策权的次级单位；减少管理层级以及总部员工的数量。改变惯例与流程以使次级单位负责绩效的实现，同时通过各种手段联结次级单位以管理它们之间的相互依

第 5 章 为绩效进行组织

存关系。最后，形成能够促进追求和实现绩效改进的文化准则。[1]

实际上，有些公司长久以来所使用的组织设计都包含松散耦合或分散模式的许多特征。医药、医疗设备和消费品公司强生就是最好的例子（Pearson and Hurstak，1992）。强生由 150 多个独立的公司组成，每个都服务于不同的市场。各高度独立的公司进行自身的产品开发、营销和销售并向母公司支付红利。高度分权式的设计在公司中对创造新产品和增加销售产生了强有力的激励。同时，高度共享的价值观和准则有助于确保其行为有利于整体绩效。

但是，在过去十年中，已有更多公司采用该设计模式以应对绩效改进的更强需求。国际贸易和投资的门槛的降低以及长途通讯和运输的便利化使得更多的公司能够进入新的国外市场。这在世界范围内加剧了产品和服务市场的竞争，使得效率改进成为成功乃至存续的必要条件。同时，资本市场的要求可以说是越来越高，对公司绩效产生了更大的压力。为股东创造价值是管理的首要责任这一观点已得到更广泛的认同，机构投资者的行动主义主张更强，在欧洲部分地区出现了恶性并购竞标，这些都加剧了这一点。最后，高管薪酬与绩效联系愈加紧密，这在美国最为显著，而其他地方也已如此，这意味着针对提高绩效的激励已比过去更为强烈。

石油和天然气综合公司——英国石油公司，为使用分散模式改进绩效提供了范例。虽然我们已数次探讨过英国石油公司组织的各方面，但更系统的分析也是值得的。

在最近几年，英国石油公司曾报告了最高的公司利润——在 2000 年超过 140 亿美元。虽然当时的高原油价格肯定对公司出众的财务成果有贡献，但公司极具成本效益的经营才是其潜在绩效的关键，而其绩效在 20 世纪 90 年代后期一直十分强健，并保持至了 21 世纪。的确，能源行业普遍认同英国石油公司寻找油气矿藏的效率以及其将油气矿藏转化为生产和提取原油以及天然气的高效性。这一卓越的经营实际上是在相当困难、很可能导致公司运营的重大中断的环境下得以维持和改进的：在 1998 年和 2000 年之间，公司吞并了两个大型综合石油公司（即合在一起几乎与英国石油公司一样大的美国石油公司和大西洋富田公司）以及一家润滑油公司（嘉实多公司），这是英国石油公司与美孚以及费巴在德国的汽油零售企业在欧洲的合资零售公司。

之前十年中在三位 CEO 的带领下实施的战略和组织变革为英国石油公司的成功奠定了基础。在数十年之前，英国石油公司曾是通过笨重的矩阵结构组织的政治化的、头重脚轻的官僚机构。当时公司仍是横跨无数不同的业务领域，这是公司（以及其他大型石油公司）未完全解除其在 20 世纪 70 年代所沉迷的复合型多领域经营的结果。财务计划在获得接受之前需要 15 个人的签名；总部员工占据了大厦 2/3 的楼层；86 个不同委员会的会议占据了管理高层的所有时间。绩效正在下降，公司负债严重，在 1992 年陷入金融危机，差点导致破产。

最终使英国石油公司转型的变革，其最初举措是撤出不相关业务领域的投资。该过程始于 20 世纪 80 年代，在 90 年代初完成。公司而后集中于三块基础业务：上游的石油和天然气勘探及生产、下游的石油提炼和销售，以及石油化工。这些业务领域明显相关，上游的产品是其他两种业务的生产要素。但实际上这些业务可以以不相关的方式独立经营，而实际上也是这么经营的。运行良好的全球市场使得高效的原油采购和销售成为可能，所以公司不再需要依赖内部交易。

组织变革开始时的 CEO 是 1989 年上任的罗伯特·霍顿（Robert Horton）。霍顿的"1990 计划"力图提高管理决策的速度和效率。他将众多决策权从公司总部转移到上游业务中。在此过程中，管理层级消失，总部的就业人数减少了 80% 以上。公司鼓励员工们承担责任并主动行动，倡导关怀、信任、开放、团队工作以及合作的价值观。同时，随着经济困难加剧，资本预算被削减，大量员工被裁。

霍顿粗暴的个人风格以及所宣称的价值观与裁员的现实之间的不一致导致了员工的疏离，而绩效也在 20 世纪 90 年代初整体的经济萧条背景下持续恶化。1992 年，原任首席运营官的戴维·西蒙（David Simon）取代霍顿成为 CEO。西蒙更受公司员工的欢迎，但他继续实施霍顿咄咄逼人的合理化计划。职员人数从 1992 年的超过 97 000 人下降到 1995 年的 50 000 多人。这部分是与资产转让和出售有关，但大部分是日常工作岗位上的裁员。之后，绩效得以大幅提升——公司从 1992 年的损失 8.11 亿美元变为两年后的盈利 240 亿美元，负债水平降低了 40 亿美元。

在此期间，上游勘探与生产业务（英国石油勘探公司）内发生了最大变化。在西蒙之后，1995 年约翰·布朗尼（John Browne）成为英国石油集团 CEO，他实施了彻底的组织重新设计。被英国石油勘探公司称为"资产联邦"（asset federation）的这一模式成为分散设计的典型。之后该模式应用到了整个公司。

开始时，布朗尼将上游业务的战略重新集中到寻找和开采大型的油气矿藏，在此业务方面，技术困难与所伴随的风险意味着公司的专业知识与规模使其相对较小的公司有一定的优势。（在此期间，被称为"石油企业"的较小的勘探和生产公司往往比大型的综合石油公司更为成功。）这样做的结果是放弃了数个小型控股公司、收购了能够补充现有油田的其他油田，以及将勘探重新导向那些更可能真的有大量矿藏的区域。这意味着公司的每个石油或天然气井田都非常大。20 世纪 80 年代末时，这些井田集中在阿拉斯加北坡和北海，它们是自从 20 世纪 70 年代起公司产量的主要来源。但是，集中在这些主要机会上意味着英国石油勘探公司之后的勘探活动将集中在之前因技术或政治问题导致开发被阻止的新地区。由此，英国石油勘探公司的运营部门愈加分散在世界各地，更多地分布在发展中和转型经济体中。

接下来的变革是组织层面的。英国石油勘探公司原本的结构是一组按地域划分的区域运营公司，由技术员工和经营人员监管实际的运营。区域运营公司和功能型部门的领导在运营整个上游业务的全球管理小组中和布朗尼会面联系。绩效数据一般在区域运营公司水平上集中，实际油田的经理对其单位内使用的资源基本不具备自行决定权和控制。但是布朗尼开始将绩效评估讨论向下推到单个油田的层面上。这引发对组织设计的有意识的实验，一些油田的经理开始获得对如何运营公司并达到直接与公司管理高层协商得到的绩效目标等问题的决策权。当该变革导致了产出的增加以及成本的降低时，该模式被应用于整个英国石油勘探公司——此时正是 1992 年这一危机之年。

所有的勘探和生产运营部门被分成差不多 40 个被称为"资产"的经营单位，其中每个单位包含主要的油田或天然气田或一组在同一位置的油（或天然气）田。每个单位的领导是资产经理（之后被称为经营单位领导）。区域运营公司不再存在，整个上游业务的管理高层被削减为只剩下布朗尼和另外两个人。他们作为英国石油勘探公司执行委员会，三人一起直接监管所有资产，无中间层级的经理。技术和职能员工同样基本上被分散到各资产中。

资产经理被给予特许合同以约束其活动（如只能在资产地址内钻井）。

他们还与执行委员会签署明确的个人绩效合同,同意实现特定的绩效水平(包括生产量、成本和资本支出)。在其特许合同约束和公司总政策限制范围内,资产经理有权计划如何实现承诺的绩效。其可决定外包和选择供应商、自行进行招聘和确定在何处如何钻井。

单个资产的绩效并不在低于整个上游业务的层面上进行合计,并对布朗尼和执行委员会成员完全公开。他们密切追踪绩效,特别是通过严格的季度绩效评审。通过这些会议中的对话交谈,布朗尼指导资产经理,帮助他们发展管理技能并输入其力图在整个英国石油勘探公司传播的价值观。

绩效合同约定并不限于资产经理。实际上在资产层面上的绩效合同中所做出的承诺成为资产内所有个体绩效合同的依据。所有员工的薪酬与其资产的绩效以及上游业务的整体绩效挂钩。这显著增加了薪酬的差异以及激励的强度。

资产经理发现新的体系自由度很高,但高层的精简意味着他们不能在出现技术或业务困难时依赖上游业务的总部提出建议和获得支持。为应对该需求,资产结盟形成四个根据资产的生命阶段来划分的同侪小组(经过特定的实验后)。第一个小组涉及实际的勘测活动,包括获得开发井田的权利;第二个小组包含正在开发并要投入生产的资产;第三个小组中的资产处于全面和稳定的生产之中;第四个小组的资产正面临经济可行性末期,处于衰退之中。关键的一点是,在同一组内的资产,即使在地理位置上是分散的,其也很可能面临类似的技术和商业问题。

公司鼓励资产经理依赖同侪小组的同事获取支持。确实,同侪小组的作用就是促进成员资产间的相互帮助并提倡分享最佳操作。为此,建立了同侪帮助系统,通过这一系统,面临问题的资产可寻求其他资产的员工前来帮助自己解决问题。同样,无数其他"联邦小组"开始形成,将各不同资产中具有共同利益和面临相同难题的人员联系起来。

在初期同侪小组还有别的作用,即同侪挑战。该制度希望同侪小组成员相互挑战其独自与执行委员会协定的目标。该过程使得资产经理们的集体专业知识能够应用于目标的确立。之后,每个同侪小组联合负责实现资产小组绩效目标以及在资产间分配资本。

同时,愈加依赖外包。这包括大部分人力资源管理和财务功能,甚至扩展到之前被视为非常关键的活动,如生成潜在新井田的地震数据(只有数据的解释在内部完成）等。引人注目的是，绩效合同的逻辑有时候也应用于外部供应商，其报酬也随绩效变动。该方法的成功范例如北海的安德鲁油田，该油田在之前被认为投入生产的成本过高。通过与承包商共同节约成本，英国石油公司得以按只为之前成本估算很少比例的成本开发油田，所用的时间也比原先所认为必需的要短得多。

该组织模型促成了英国石油公司的巨大成功。新的油田得以发现和开发，许多都是在之前认为在技术上太难不具备经济可行性的区域。开发油田的成本得到大幅降低，资产的开采期相比之前认为可能的时间也大幅延长。

在1995年布朗尼成为英国石油公司的CEO后，该模型被应用到了整个公司。其他业务方面对资产的相应定义并不如在英国石油勘探公司那般明显，而且建立正确的绩效测量也出现了一些难题。但是，分散的经营单位、同侪小组和同侪支持、每种业务的小型执行委员会、绩效合同以及同侪挑战的制度仍得以建立。绩效管理始于CEO布朗尼与董事会之间的绩效合同，而后其分解为主管们的绩效合同，之后又是员工个人的绩效合同。此外，设置了一组区域董事长的职位以确保易于跨业务的问题能够符合公司政策，最好在国家或者地区层面上进行处理，此类问题包括安全和环境问题或者法律法规事务等。

这些在结构和管理方面的变革最终导致了根本的文化变革。英国石油公司的员工形成了致力于不断提高绩效的深刻的、内在的奉献精神，出现了关于相互信任、在面临困难时早早承认（"无突然发现"）并在需要时寻求帮助、积极回应帮助请求、绩效承诺等的强有力的准则。这些都具有很大的影响，在引发更多主动行为的同时产生了非常多的合作行为。

该模式自20世纪90年代起开始进行调整，但其基本逻辑贯穿整个90年代。在其吞并美国石油公司和大西洋富田公司时，这显得尤为有价值：通过同侪小组的支持，新收购的资产很快融入到英国石油公司中。

随着英国石油公司的成功，许多公司已公开模仿其组织设计，其他则是凭自己采用类似的组织设计。当然，并不存在所有公司都应采用的进行组织的唯一最佳方式。最佳的组织设计应取决于所追求的战略、市场和非市场背景、组织的行政传统。然而，绩效的实际收益通常是通过采用坚持英国石油公司分散模式所基于的基本逻辑的设计而实现的。这包括将公司活动集中到选定类别的趋势，创建具有明确责任范围和职责的经营单位，对单位绩效给予强有力的激励，横向连接单位而不是通过等级要求上下传递信息，等级扁平化并增加控制范围，外包，改进信息、测量和通信系统，以及创建绩效实现导向的文化。

这些设计要素彼此互补，因此只有在了解各要素间的相互作用后才能理解每个要素的重要性和影响。但是，也可先独立观察每一个要素。

垂直范围

设计组织以实现更高绩效的一个重要因素就是使公司注重那些能够产生最多价值的活动。对许多公司而言，这涉及垂直解体，即将原先公司自己提供的货物和服务供应移交给其他公司。

能突出展示外包和垂直解体这一过程的是一组发挥了"垂直建筑师"或"价值链组织者"的作用的公司，其中的典范是耐克公司（Brady and de Verdier, 1998; Whang and de Verdier, 1998）和贝纳通公司（Stevenson, Martinez and Jarillo, 1989）。"垂直建筑师"的作用包括主公司组织和管理价值链，如耐克是运动鞋，最近也涉及服装和运动器材，对于贝纳通而言则是服装，但它们实际只拥有所涉及资产的极少部分并只进行创造价值所需的活动的极少部分。例如，耐克将所有的生产外包，但自己进行产品设计、销售以及对（独立）零售商的配送。贝纳通实际上外包了基础的设计工作以及大部分的产品生产。它还依赖只销售贝纳通产品但独立的零售商店，通过并非贝纳通员工的代理商与零售商进行交易。但是，贝纳通的信息系统与零售商店相连以追踪销售。贝纳通负责的是根据设计师的图纸创新款式、进行布料染色、处理配送物流并对品牌进行广告和营销。在两个案例中，都是主公司管理与其他价值链参与者的各种复杂关系并协调其间的活动。

该模式已广泛应用于电子行业。例如，在个人电脑行业，众多领先的企业将基本生产业务外包给电子制造服务公司，如旭电公司和伟创力集团。这两家电子制造服务公司每年的业务都达到数百亿美元，但他们没有自己的产品。此外，计算机公司也开始外包物流、订单执行以及售后服务，甚至是低端产品的设计和制造。

公司选择购买货物和服务而非在内部生产的原因当然有很多。[2]从根本上讲，除非公司在进行供应活动时具有特别的优势和能力，否则其他公司能够做得更好且成本更低。这可能是因为这些公司专业于该任务，而且通过学习更精通于此；或者是因为它们在供应多个客户的情况下拥有规模经济，而这是买家公司自身无法实现的；又或者是因为它们集中了业务，所以相对于集成型的公司其组织复杂性降低，并因此能够实现较低的管理成本。更高的集中度同样减少了测量和归因问题，使得能够向员工提供更强的激励。而且，依赖竞争确定价格要比内部转让价格的确定好得多。外部供应更具吸引力还因为引发外部供应商的竞争要比供应商在买家公司内部时简单得多。特别是，替换不满意的外部供应商要比取消表现不佳的内部供应商容易得多。

另一方面，有各种理由可证实垂直一体化的合理性。部分理由是经得起严格分析的，另一些则不然。例如，交易成本以及财产权流派的经济学家强调应保护特定资产以应对套牢危险。拥有与提供货物或服务相关的资产并在内部进行供应可对这类资产提供更好的保护，由此也可提供更强的投资动机。其他实施一体化的理由与知识产权的保护相关，或在更广泛的意义上，与难以运营高效的信息市场有关。依靠内部供应可保护易受损害的知识不被供应商侵吞。相比公司间，公司内的利益更为一致，所以内部供应可能会促进供应商和客户间有价值信息的传递。

为多种活动提供经过恰当平衡的激励同样可消除公司界限。如在第3章中所讨论过的在外部经销商以及员工销售人员间进行选择的例子就可说明该问题。如果销售人员将客户的信息传达回产品开发部门的作用非常重要，那么就应在公司内保持销售人员。要激励外部的经销商进行该活动比较困难，因为该活动难以测量，所以也难以进行奖励，虽然对销售也提供足够强的激励的话，经销商就会重视公司的业务而非其代理的其他公司的业务。相反，公司应使用自己内部的销售人员，而后公司给予销售人员平衡但相对较弱的激励以同时引发两种行为（将激励减弱是因为对难以测量的行为给予较强的激励随机性太强而且成本很高），并只需告知销售人员不得出售其他公司的产品。在相关的案例中，整合零售业务会使向客户提供关于产品使用的培训变得可能。独立的销售商，除非是地区独家代理，否则他们不会乐意提供该高成本的服务。他们担心客户向自己咨询信息，实际上却在之后从价格更低的竞争者那里购买产品，这些竞争者实际上对首位销售商的培训活动搭了便车。

进行内部采购的另一原因是为了降低进行质量投机懈怠的动机（虽然实际上很多经理认为内部供应商的质量要比外部供应商的更有问题）。最后，如果在同一公司内使两项活动的经理向同一老板汇报以及所有员工都同属于一个公司能够促进协调，那么选择就更偏向于一体化。

外包涉及更低生产成本与（因套牢、信息泄露等原因导致的）更高交易成本之间的权衡，从这个意义上说，全球化、信息和通信技术的改进以及更柔性的制造系统都支持转变以进行更多外包。互联网方便了新供应商的寻找，更好的通信使得与他们的交易更为容易，而更低的运输费用和降低的交易壁垒使得人们能够与远途供应商进行合作。因此，进行外包的成本变得更低，而这会促进更多外包行为。更柔性的制造系统，如计算机数控机械，同样通过降低被套牢的危险为外包创造了有利条件：如果买家试图套牢，可将供应商的柔性设备重新用于其他目的；而相互竞争的供应商的更大适应性意味着如果供应商试图获取比应得的更多的份额，买家也可找到他人进行交易。因此，根据制造—购买选择的标准理论，预计在当前的背景下会增加外包。

但是，所有这些理论基本上都只注重独立各方间的一次性交易，这些交易者并不像期望再次交易那样行事，而且也不担心本次交易中自身的行为对名声的影响。因此，才可假设他们是在最大化当前交易的最大即时收益。[3]在这样的背景下，由于与外部交易者交易时要担心过于不诚实的交易，证明一体化的合理性相对更简单。

然而，公司最近已采用的大部分外包的显著特征就是供应商与买家之间的互动是持续的关系、合作或联盟。关系的长期性彻底改变了可提供的激励，不管是要促进投资、尊重知识产权、维持难以监控的质量还是别的。由此，相比外部交易是简单的、一次性的和公平对等的这一情况，它们大幅增加了外包的吸引力。重复进行的交易使得更多的合作成为可能。同时，将公司内部的长期供应关系转变为公司间的长期供应关系使得公司能够获得外部供应内在的众多好处，引发主动行为的机会也更多了。

从合作行为与主动行为权衡的角度，通过长期的关系进行组织是一种

第 5 章　为绩效进行组织

组织创新，其改变了可行组合的边界，能够获取比一次性市场交易更多的合作行为以及比内部供应更多的主动行为。之前不可能实现的 R 点等现在是可行的了（图 9）。

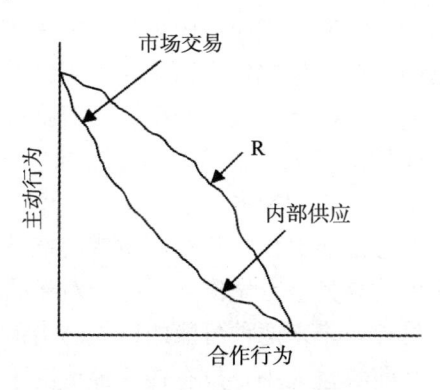

图 9　长期关系拓宽了可实现的行为的组合

领先的日本汽车制造商，特别是丰田，是最早全面发展此类长期供应商合作关系模式的公司。[4] 这部分是因为，日本公司要选择进行大量外包以应对有利于与小公司交易的政府政策。还有部分是因为大型日本公司采用的终身雇佣政策为使用外部供应商以维持灵活性创造了条件。

到目前为止，已证明该模式非常有效：该模式的使用是日本汽车公司在 20 世纪 70 和 80 年代相对美国竞争对手拥有成本和质量优势的主要原因（Womack，Jones and Roos，1990）。从那时起，其他的汽车公司也开始采用该模式，而且还广泛地普及到其他行业。

在此类持续关系中，各方相对的重点都应是从试图侵吞价值（其可能的成本是降低所创造的总价值）转向创造价值，前提是额外的价值会得到恰当的分配。关系的基本逻辑就是，对当前合作性增值行为的激励能够因良好行为将导致持续的未来合作和所生成收益的分享，不良行为将导致将来的惩罚甚至是关系的终结这一前景而得到提供。各方实际上订立了"关系合同"，即各方将进行合作并分享所产生的收益的共识。不可能在正式合同中精确说明在每种可能情况下所需进行的行为，也不可能在法庭中对其进行检验，因此关系契约必须是会自行执行的。执行的机制就是各方对现有良好或不良行为的未来行为性反应。[5] 为使该逻辑发挥作用，必须要符合几个条件，涵盖从根本的激励问题到问题解决方案的本质的方方面面。

115

根本的问题是，在不同的时间点，任何一方可能有机会实施损害另一方但不能够通过正常的、法院执行的合同进行阻止的行为来增加自身当前的收益。例如，供应商可尽可能地降低成本或者保持质量难以被观察到。同样，买家可能会拒绝承担部分供应商因满足买家需求所产生的成本，即使双方的共识是买家会对此补偿销售商。或者，买家可做出要求更快交货的无理要求并威胁不同意就拒绝付款。如果要在面临此类诱惑的情况下维持合作，那么接受当前的诱惑应该百分之百会导致将来足够糟糕的后果：当前的收益应不足以抵消未来的损失。

实际上，各方必须总是能够预料到抵制诱惑就能持续合作，而接受诱惑则会导致惩罚，而惩罚是另一方做出的反应，对于受诱惑方而言，该反应比持续合作更糟。另外，未来两种可能的回报的当前价值的差异必须超过接受诱惑可实现的当前收益大小。只有在这种情况下，进行欺诈的整体收益才是负的，由此才能阻止不良行为。

因此，成功的合作关系的首要要求便是，必须有可能通过合作产生比通过买家的自我供应或正常的、短期的市场交易更高的价值。这意味着，如果存在无数随时准备高效地满足买家需求的外部供应商，就没有理由采用基于长期关系的模式。采购标准化产品就是这种情况。而且，即使在所采购物品非标准化但其生产并不涉及非常专业的知识或实物资本投资时，也可能发生这种情况。

因此，长期进行外包必须确保该收益在各方间的分配能够使各方根据合作关系实际得到的利益都要比无合作关系时更多。

另外，要使惩罚的威胁有效，必须达到以下要求：受害方应能够进行报复、做出令违规者相当不愉快的事情。终止关系，由此剥夺欺骗者可能会赚取的将来收益，通常是可用的最大惩罚。另一选择是回到短期的、非合作的市场交易模式。此外，这些选择对于惩罚方来说必须足够有吸引力，能使惩罚方愿意采取这些选择而不是与违规者继续交易。因为不太可能实施所设想的可能会严重损害惩罚实施者的惩罚，这样惩罚并不能阻止不当行为。

应注意的是，如果从合作中获得的收益相比其他选择越大，且能够实施的惩罚越强，那么引发合作就越简单。所以，如果双方对关系做出承诺且不担心环境的改变会使双方都想终止关系，他们实际上能够通过使其他

第 5 章　为绩效进行组织

选择变差并使彼此更相互依赖而获利。例如，销售商可结束自身的营销团队，由此如果关系终止，它会处于更糟糕的处境，或者买家可使自身生产所交易物品的能力降低。当然，这是把双刃剑，在关系持续时，这都是有利的，但在关系解除时，它的害处就很大了。

另外，参与者足够重视其将来的交易非常重要。如果交易更加频繁且各方并没有严重贬低将来的收益，这一重视就能得到增强。同样很清楚的是，期望关系能够近乎无限地持续下去也很重要，否则，当关系趋近结束时，给予奖励或者惩罚以阻止某方接受诱惑并无足够的前景，合作将易于失败。

最后，最好是能够很清楚知道一方有无违规，由此可在也仅在违规被证实的情况下实施惩罚。否则，欺骗行为不会得到惩罚，因此也不可能有效阻止欺骗行为，或者，可能会在不应进行惩罚时实施惩罚，限制了可实现合作和共同收益的程度（Abreu, Pearce and Stacchetti, 1990）。顶尖公司在实际处理其与供应商的长期关系时，其方法的特征就是能够应对这些要求。

首先，并不使用长期关系采购所有产品。若产品或者服务是标准化的，或有无数供应商，或交货和质量不存在问题，则可使用简单的正常交易。这是因为，在这些情况中并不存在通过合作关系创造比一般常规市场安排更高的价值的实际基础。同样，有些活动被系统地保留在公司中，而不是被外包给合作商。在汽车行业，一般情况下这样的活动至少包括产品开发和组装，虽然已有实验将组装外包给合作商。几乎所有公司都自己进行人力资本的职业管理以及财务资源管理。可以说，进行这些活动所需的知识以及进行这些活动所获得的知识对于公司来说至关重要，由他人进行这些活动并没有意义。

其次，非常关注合作伙伴的选择以及与其达成基本共识。例如，丰田在选择位于美国的首家全资组装工厂时，公司的采购人员花费了数月的时间与考虑中的每位供应商会面，又用更长的时间与实际选中的供应商会面、访问他们的工厂、鼓励他们访问丰田的工厂、教授丰田的生产体系并制定共同的期望目标（Milgrom and Roberts, 1993）。即使是已向丰田所管理的丰田—通用汽车的合资企业 NUMMI 供应产品的公司，情况也是如此。这些扩大的高强度的互动并不是要制定或者协商任何详细明确的合同。实际上，与供应商的实际合同很短很简单，主要是使供应商承诺在出现问题时一起合作解决问题。这其实首先是个筛选的过程，因为丰田力图能够识别可以一起创造最大价值并且会是具有合作精神的合作伙伴的供应商。而后才是建立关系以及合作关系所必需的共识。

合作关系一旦确定，汽车公司和供应商分享合作获得的收益，实际上，两者都可获得比各自的次优选择更多的收益。价格会进行协定。而后，丰田帮助供应商提高效率，甚至是派遣人员到供应商的工厂担任顾问，而且，成本的改进并未立即导致抵消性的价格下降。因此，双方都获得了成本改进的好处。

双方同样注重针对不良行为的可实施的惩罚。最直接和极端的惩罚形式就是终止合作关系。如果有能够进行交易的其他合格供应商，对于买家而言该惩罚更简单，因此也更具威胁性。实际上丰田维持"双供应商"的政策：在车型周期（基本上是四年）内某一具体车型的特定零件或元件只有一家供应商，同时，一般会有另一家公司为另一车型供应类似的产品。例如，如果一家公司为凯美瑞车型供应车前灯系统，那么会有另一家公司为花冠车型提供车前灯系统。在必要时，丰田自己会担当这个第二供应源。例如，长期以来丰田在很大程度上依靠日本电装公司供应电子元件和系统。当电子设备在汽车中越来越重要，电装公司发展成为该领域的强大实体，丰田开始对只依靠这唯一的供应商感到不舒服。因此它选择开发电子设备领域的重要内部能力。由此，至少从概念上讲，它能够结束与电装公司的交易，据此也就产生了严厉且可信的惩罚威胁（Helper, MacDuffie and Sabel, 1998）。

实际上双供应商政策不仅仅提供了终止关系的威胁，而且还存在更为微妙的激励作用。丰田一直仔细追踪供应商在成本削减、质量提高、创新理念以及合作行为方面的表现。它使用这些信息对供应商进行评估，而且得分较高的供应商在重新设计车型时可获得更多的业务。这引发了供应商之间一定的竞争，而该竞争压力正是外包优于（一般垄断的）内部供应的一个方面。同时，与正常的短期交易相比，能够提供更强激励用于促进持续合作关系中的互利、创造价值的行为这一点也促进了该方法的应用。

实施双供应商政策存在成本。必须管理两种关系，而不仅仅是一种，而这需要花费时间。这可能会导致失去可能的规模经济。不太明显的一个情况是，在丰田与其中任意一个供应商之间产生的价值要少于在只有一个供应商的情况下能够创造的价值。这又可能会限制未来合作和价值分享的前景能够引发当前良好行为的程度。由此，存在一个权衡：只有一个供应商意味着在能够维持合作的情况下可产生更多的价值，但拥有多个供应商可通过提高惩罚的范围和可信度，使得更可能达成更高的合作水平。

管理基于隐性威胁和承诺而非正式合同的系统的主要困难在于如何知道双方到底有没有遵守条款。在这方面，看起来未预见的事件可能会成为问题，因为这种情况下对于什么是恰当的行为并不明确。各方可能各自选择自己认为非常恰当、而对方却觉得不具合作性且有异议的行为方式。但是，这种模糊性只有在双方无法与对方针对具体行为进行成功协商的情况下才会成为问题。虽然这些协商很可能非常困难，但因对隐蔽行为或者隐蔽类型知识的信息不对称，会产生更大的问题。

如果各方的行动无法被对方直接观察到，则有可能无法察觉不良行为，或者在实际上未发生不良行为时推测其已发生。例如，假设所实现的质量并不完全在供应商的掌控之中。那么，供应商就有可能会尝试削减对质量控制的投入，并希望自己不会被发现，或在被发现时，使不合格的质量看上去是意外产生的。而且，即使供应商仔细认真地努力达成所要求的质量，对于购买方而言，意外失败看上去也像是供应商欺骗行为的证据。在隐蔽信息问题的情况中，如果在行为的各个过程中，各方的成本和收益并不为对方清楚了解，那么，实际上的最佳行为并不确定。这也会使合作难以达成。例如，如果买方难以确定供应商随时间的成本变化，由于并不知道价格的调整是否正当，价格调整的要求可能会导致容易引起争议的交涉协商。

丰田与其供应商交易的一大特点就是广泛的信息分享，这有助于最小化这些信息不对称以及其导致的问题。即使在明确建立关系后，丰田采购部的工程师也经常会访问供应商的工厂，而且供应商也经常会到丰田的厂里去。丰田非常了解供应商的生产流程，相应地，也非常了解其能力和成本。同时，丰田会与供应商分享自身的生产时间规划并随时进行更新。

如果说丰田创建的供应商关系系统存在缺陷，那就是丰田的地位相对于其供应商过于强大了。供应商非常依赖丰田，这在日本尤为突出，丰田的供应商极少同时为其他的顶尖汽车生产商供应产品。看上去只要丰田愿意，就能勒索它们，要求无理的退让并强占它们投资服务丰田时所预期得到的收益。受到此等恶劣对待的供应商很可能未能获得很多赔偿追索，因此，在丰田方面看来，此类不良行为可能非常具有诱惑力。那么，不要说对该种对待的实际体验，就是不良对待的威胁也可能会导致供应商的合作水平降低或者会花费资源尝试保护自己，不管是哪种后果都会损坏价值。但看起来这并未发生。

供应商希望与丰田合作，在 11 年中，日本丰田供应商联盟——协丰会的 176 个成员只有 3 个离开这一团体（Asanuma，1989），而其他公司（包括现在成为独立公司 Delphi 的通用汽车的零件运营部）非常想成为丰田的供应商。而且，日本的丰田供应商一般都做出完全是针对丰田的大量投资，明显未受担心套牢的阻碍。他们一般进行实际的设计工作以创新符合丰田标准的产品，他们具有用于生产针对丰田特定需求的产品的模具。（相比之下，美国汽车行业直至最近仍是盛行与外部供应商的短期合同关系，它实行的准则是：汽车公司进行任何专业的设计工作，且如果外部供应商需要特定的模具制造产品，模具的所有权归汽车公司。这些做法消除了被供应商套牢的风险。）同样，计量经济学的证据表明，如行业所宣称的，丰田和其他日本汽车公司实际上的确与其供应商分享收益（Kawasaki and McMillan，1987；Asanuma and Kikutani，1991）。最后一点，供应商欢迎丰田的采购工程师到自己的工厂，而且供应商的人员经常到丰田的工厂去，这些事实表明了根本信任的存在。

可推测，这是因为丰田非常注重自身的名声，不会进行投机。支持这点的一个因素是供应商之间相互有联系。的确，丰田自身也鼓励顶尖的供应商们到丰田在肯塔基州乔治镇的工厂成立正式的团体。这实际上说明，对任何一个供应商的不良对待都会被所有人知道。如果丰田不公正地利用一个供应商，会导致所有的供应商收回全面合作，这就能明显降低丰田在惩罚仅是来自被利用的一家公司的情况下可能会有的想要投机的任何动机。而且，丰田能够以较低的利息率借款，这意味着将来的回报不太可能大幅贬值，所以其与合作伙伴的名声相当显赫。当然，这也与公司著名的整体长期方针相符。

未来的收益不会大幅贬值的重要性意味着在利息率，或者说更一般情况下的资本成本较低时，更容易维持合作关系。因此，两家较弱的公司不太可能形成强大、富有成效的联盟，即使它们的能力和资源非常互补。未

第 5 章 为绩效进行组织

来的收益并不足以抵消当前的诱惑并引发全面的合作。而且，如果之前较强的公司陷入困境，那它的合作伙伴就需要十分警觉。面临现金危机的合作伙伴容易以极度追求短期利益的方式行事，即使它在更正常的时期完全可信任。当直接生存处于危险之中时，长远的考虑就不那么重要了。在汽车行业的两个例子可说明这些问题。

在 20 世纪 80 年代末和 90 年代初，通用汽车采取一定的改革以便与一些精心选择好的供应商建立（我们一直在描述的）长期合作关系。通用设法雇用它们，使它们能够分享正常情况下保持完全机密的成本信息，并和它们一起合作创造价值。之后通用陷入了金融危机，在 1992 年其最终登记的损失达 230 亿美元。通用的应对措施中有一部分就是利用从供应商那儿获得的成本信息强制性大幅降价。违背信任导致之后数年中与供应商的关系都非常糟糕。然而，在危机的背景下，通用的行为完全是理性的：有些通用的高管认为，正是从供应商那儿勒索的资金才使公司免于破产。

实际上在这种情况下，为了自身的利益，原本很多供应商可能都得帮助通用，主动调整交易条款使陷入困境的合作伙伴暂时获得更大的收益比例。如果这真的发生了，那么不仅可帮助通用熬过困难时期，也能提高它的激励并有助于维持合作。而问题就会变成协调所有这些方面并克服供应商的搭便车问题（每个供应商都希望其他供应商帮助通用而自己保持原先的交易条款）。在供应商数量较少时，问题可能就没那么严重。

第二个例子要说明的是帮助陷入困难的合作者的可能性，但该例子同样显示了依赖此类合作伙伴的危险（Burt，2002）。该案例涉及福特路虎分公司的套牢事件。英国的小公司 UPF-Thompson 是路虎 Discovery 车型的底盘的唯一供应商，它在 2001 年陷入破产管理。会计事务所毕马威被指定来运营该公司并同时寻找可行的出售。因为急于使该供应商继续运营，福特将购买底盘的价格提高了 20%，并额外"善意"支付了 400 万英镑。毕马威拒绝了这一出价，要求福特预先支付 UPF-Thompson 3 500 万英镑，而且它所提出的价格远高于福特的报价。毕马威估算的路虎总需求达到 6 100 万英镑，虽然路虎每年花费在 Discovery 车型底盘上的钱仅为 1 600 万英镑。负责该事宜的毕马威合作方声称其公司只是在完成获取 UPF-Thompson 资产的最大价值的法律义务："路虎对公司的依赖是种资产，我们应获取该资产的最大价值。"福特的管理者非常愤怒，在得到要求 UPF 继续交货的命令之前，有报告说福特已考虑终止生产 Discovery 车型，而不是屈服于毕马威的勒索行为。[6]

即使没有像破产这样严重的事件扰乱协议，长期的合作关系一般也需要随时间进行调整。制定初始的共识条款、使其发挥作用并在出现问题时参考原合同并不够。至少，当销售量与预计不同时，需要调整价格确保收益的公平分配，并由此维持双方在合作关系中的利益。而且，当技术、市场、竞争者、客户以及合作者自身发生改变时，合作的可能性也会发生改变，各方的其他选择也是如此。所有这些都影响了能够在关系中维持的合作程度、可接受的收益分配，甚至是各方应进行活动的恰当比例。因此，各方是否愿意调整条款成为关系存续和成功的关键。

施乐公司、富士胶片公司以及富士施乐公司（前面两家公司的合资企业）间的复杂关系就为我们提供了此类调整适应的出色案例。富士施乐于1962年成立，其成功持续至今，是存续时间最长的国际合作企业或联盟之一（Gomes-Casseres and McQuade, 1991）。各方的作用、进行的活动、合资企业的所有权结构、各方间付款的性质和方向，甚至是各方对合作企业的身份一直都以灵活、适应的方式随时间改变，这对于该协议关系的成功至关重要。

原先对富士施乐公司的打算是让它在日本销售施乐创新性的普通纸复印机。它实际上是 Rank Xerox 创建的，而 Rank Xerox 自身又是经验不足的施乐公司在缺少资源在全球开发技术时与一家英国公司成立的合资企业，其目的是在美国以外的地方销售施乐产品。当时 Rank Xerox 正在寻找日本合作者以进入日本市场，当时唯一有兴趣进行合作的非电子行业公司富士胶片公司被选中。施乐提供从美国进口的产品，富士胶片公司提供销售人员以及市场信息。但当时的日本法规强制要求合资企业必须同时进行销售和生产。因此，富士施乐也获得生产的职责（主要是组装来自美国的可拆卸的套件），而后生产又被富士施乐外包给了母公司富士胶片公司。

Rank Xerox 与富士胶片公司之间最初的正式合同规定富士施乐应向施乐公司付钱购买技术。合同同样提供了对施乐公司知识产权的保护，富士胶片公司无权使用在合资企业中学到的任何施乐的技术。实际上，施乐严格坚持这一条款，甚至一度拒绝考虑富士胶片公司开发施乐技术新用途的提议。在这个时候，富士胶片公司实际上成为仅为合资企业提供资金的合作人，它将生产部门重新返还给富士施乐，但没有从合作企业收回资金或派遣的人员。

富士胶片公司作用的重新调整只是多次合作关系基本机构变化中的首次变动而已。数年后，施乐公司将其在 Rank Xerox 的股份提高到超过50%。因此，富士施乐开始受到施乐总部的直接控制，而不是通过 Rank Xerox 的中介。在 20 世纪 90 年代初，为在美国销售富士施乐的激光打印机，施乐和富士施乐创立了新的合资企业——施乐国际合作伙伴公司。

同样，在亚太地区销售施乐产品的责任从 Rank Xerox 转移到了富士施乐。到 20 世纪 90 年代后期，施乐收购了 Rank Xerox 合资公司的所有股份，由此富士施乐成为由施乐公司和富士胶片公司各占一半股份的合资企业。最近，因施乐面临资金困难，富士胶片公司收购了施乐在合资企业中的一半股份。

富士施乐在美国销售自己的激光打印机反映了其关系随着时间而发生的其他根本性变化。从一开始，施乐就一直把重点放在更大、更快的复印机的开发和销售上，其目标客户是在集中复印场所使用该种复印机的公司。但是日文汉字文件复印的难度意味着在日本市场，更大比例的需求是针对能够放置在每个办公室中的小型复印机。在施乐拒绝开发此类机器的情况下，富士施乐在预算中拨出资金自行开发它们，这直接违反了施乐的政策。富士施乐的复印机被证明质量优异且销量良好，所以最终得到了施乐的认可。实际上，富士施乐之后开始在全球范围内供应施乐集团所销售的复印量更小的复印机。富士施乐这一角色演变可通过施乐公司和富士施乐公司之间对合同约定付款的反复重新协商得到确认。

而最大的调整应该是发生在施乐和富士施乐之间的知识流动方面。在 20 世纪 90 年代早期，施乐被赞为在把主导地位输给日本竞争对手后重获市场份额的首家美国公司。富士施乐对此发挥了巨大的作用。起初，基本上是富士施乐向施乐学习其技术。但当施乐在一次反垄断行动中失去对其关键专利的保护后，它就不得不面临大量的市场新进入者。母公司集中精力对付来自伊士曼柯达公司和 IBM 等业已存在的美国巨头的威胁，但日本的行业新进入者是富士施乐的主要担心对象。实际上日本公司对施乐集团的威胁更大，它们开始控制美国的低端市场，而后又开始入侵复印量更高的复印机领域。富士施乐已学会了设计和制造低成本但超高质量的产品的技术，这成为其与日本制造商竞争（包括佳能和理光等进入复印机业务的公司）的优势。当施乐最终认识到了竞争威胁的本质（在经历了其所称为的"损失的十年"之后），它能够引进富士施乐的管理和生产方法以及富士施乐的产品以从衰退中逆转过来。因此，母公司向子公司学习，专业技术流动的方向反转了。

这些涉及明确合同条款以及隐性关系契约的调整对于合资公司的存续和成功至关重要。

虽然对于任何长期合作关系，演变都不可避免，但各方应谨慎采取行动来调整关系，这是因为它们可能会导致不稳定，即使其原意并不是要对条款进行变更。任意一方做出会改变合作能够产生的收益的选择都会影响到合作存续的可能性。它们可能会因为导致一方变得过于注重使自身不受不良行为影响的防护能力而降低合作水平。例如，在内部开发一直由合作对方负责的领域中的能力会降低合作双方能够通过合作达成以及公司自身能够达成的价值间的差异，由此降低了合作的价值。这同样使合作对方担心自身会被取代，而这又可能会导致其不再对合作企业投入资源。

同样，使各方彼此依赖的程度增加或者提高终结关系的难度都会使合作更容易达成。就是该效应使得电信业的巨头美国电话电报公司和英国电信公司没有事先规定关于其合资企业 Concert 的解散条款（Concert 公司用于服务两家公司的跨国业务客户，满足他们的无线电通讯需求）。但是如果存在法规变动或者需求改变等外部事件会终止合作基础的危险，这样的措施就会产生巨大的成本。当对 Concert 服务的需求被证明并没有预计的那么多且整合两家母公司业务的难度要高得多时，事实证明，无双方一致同意的关于关系解除的条款，代价很大。

即使存在这些难题，通过长期关系来管理供应这一创新已被广泛使用，可在很大程度上解释过去十年中所增加的外包行为。

水平范围

在 20 世纪 60 和 70 年代，流行的是混合联合企业，即涉及多个不相关业务领域的公司。到 20 世纪 80 年代，它们不再受偏爱，这十年中美国的大部分并购活动主要包括解散在过去数十年中所生成的各种不相关业务的复杂集合。

在混合联合企业最初被组合起来的60和70年代，股市看似非常相信它们的价值，因为不相关的并购得到的回应是市场估值的提高，合并实体的价值要比各组成公司的价值之总和大（Matsusaka，1993）。而后，企业分拆也获得了好的效应（Comment and Jarrell，1995），而且学者们确认了"混合联合企业贬值效应"（Montgomery and Wernerfeldt，1988；Lang and Stultz，1994）：市场对多业务领域公司的价值评估显然低于各组成业务各自价值的总和。虽然市场实际应用此类贬值的程度现在存有争议，但与之前相比，对混合联合企业的偏向显然已经下降。即使是在90年代后期发生的并购热潮看起来也没有形成如20年前那样大范围经营的公司，至少在说英语的经济体中是如此。同时，有迹象表明，欧洲大陆的公司正开始缩小经营范围。诺华公司和英国化学工业公司就是最佳的例子：两家公司都已处理业务种类，使其变得更为集中。更早的时候，奔驰公司也做了同样的事情。

为什么同一公司拥有显著不同的两种业务并进行同一管理会影响它们产生的价值？或者，相同地，为什么将它们解散为独立的业务会影响到价值？公司战略的影响又如何？

在更早的时候，有观点称，将业务结合到同一公司之下可降低风险：多元化的公司和多样化的投资组合一样，集合体的风险要比其中任何单一成分的风险都低。当然，该多样化对于股东而言是没有特别价值的，因为他们可以同时拥有不同公司的股份从而达到同样的效果。实际上，因为合并强制所有股东以固定的比例持有两种盈利业务的所有权，所并购的实体实际上限制了股东的投资组合选择（虽然著名的资产定价理论会认为后一因素并不重要）。

应注意的是，至少有两点可反驳这一反对"多样化可通过降低风险创造价值"的有力论点。首先，如果股东自身并不能轻易地实现多样化，那么拥有多样化的公司就具有降低风险的价值。这实际上可能是一些环境下进行多样化的原因。家族企业就是一个例子，特别是在资本市场很不发达的国家。家族无法轻易地通过金融市场实现多样化，因此转而通过进入各种业务领域实现。其次，虽然股东可以多样化其金融投资组合，公司的管理者和员工并不能多样化其就业。如果多样化使经营糟糕的业务得到经营良好的业务的资助，且这可降低降薪和裁员的可能性，那么员工面临的风险就降低了。这就有了价值，且如果降低的风险能够使减少平均总薪酬成为可能，那么股东也获得了部分价值。

多元化的公司若能够以比市场更有效的方式在业务之间分配资源，那它也可能具有优势。威廉姆森（1975）提出，在公司内的资本分配要比在公司间的好。这很可能是因为，内部资本分配过程中所面临的信息不对称问题没有在市场交易中面临的那些严重。例如，如果不同业务的经理在同一公司中，通过业务间的高效分配使他们的利益更为一致要比在市场中更容易。那么，每个业务更倾向于公布相关信息，由此可促进更好的资本分配。

类似地，如果公司内的关于人员和工作的敏感信息或主观信息的流动要比在公司间的容易，公司内的人力资本分配很可能要有效得多。即使相对于市场，更少的人员与更少的职位会降低人员和职位间高度匹配的可能性，但因为信息得以改善，所以平均的匹配质量要更好。当然，也有理由认为公司内的沟通具有这样的优势，因为共同的经验和语言能够使沟通更为有效。在向经理提供对不同业务的丰富经验方面，多元化公司相比市场也更为有利，因此其在人力资本开发上也可能会具有一定优势。该观点可在现存最成功的混合联合企业通用电气中得到证实。

如果公司有能力或者非市场化资源未在当前的经营范围中得到充分利用，而这一业务的扩张并不具有吸引力，那么多元化也就说得过去。国际电话电报公司（这很可能就是当时混合联合企业的原型）的总裁哈罗德·杰宁（Harold Geneen）曾在20世纪60年代提到，自己公司能够获得在一起能够比他人更好地管理资产和业务的优秀管理人员。因为自身优秀的管理团队很可能能够使用更多的资源以创造更大的价值，国际电话电报公司的扩张被认为是正确的。当时严格的反托拉斯政策基本上限制了单项业务的扩张，因此国际电话电报公司成为了一家混合联合企业。[7] 最近，若将维珍品牌视为未得到充分利用的资源，维珍公司的经营范围扩张——从航空公司和火车到音乐和婚庆商店再到软饮料，也就合理了。

同样，业务间的外部性也支持将业务整合到单个公司内。若无有效的科斯式条款交涉或者完备的约定，协调各业务以处理外部性需要第3章所述的合作，即支持他人福利的行为。在公司内引发合作要比在不同的组织

第5章 为绩效进行组织

间更容易，因为相比独立的组织，公司能够提供较弱但更平衡的激励。因此，举个例子，如果客户名单共享，或者不同的业务使用同一品牌以获得利益，或者更一般的情况下，投资会影响多种行为，那么整合就具有优势。沃尔特·迪斯尼公司从老本行动画电影扩张到电视节目、主题公园、零售商店、游轮等业务，就可以从这个角度进行考虑。每次扩张都利用人物和整体的品牌特征（健康、合家欢乐）获得新活动的优势。这在单个公司中更易完成，因为品牌使业务间产生了外部性，而这些应进行协调。

互补性可能是潜在独立业务间相互依赖性的基础，而相互依赖性可促进业务间的整合。索尼公司在1987年和1989年间收购哥伦比亚电影公司和哥伦比亚唱片公司的基本理由是"软件"或者说媒体（即电影、电视和唱片）以及"硬件"（索尼能将媒体转化为娱乐的电子消费产品）的互补性（Avery, Roberts and Zemsky, 1993）。管理一家结合了消费性电子产品和唱片娱乐的公司对于索尼而言曾出现过问题。但在收购的时候索尼已有一系列的经验，所以它的管理人员确信新消费性电子产品成功的关键在于提供能够使用这些产品进行播放的媒体信息的能力。历史上电影和唱片公司曾拒绝任何新出现的传输技术：电视可能会摧毁电影业务，录音带因能够进行拷贝可能会摧毁唱片业务，家庭录像机也因能够拷贝可能会摧毁电视和电影，CD是另外一种不会增加音乐录制需求的高成本媒介。实际上每次创新最终都会为媒体供应商创造巨大的新利润。同时，索尼认为CD成功仅仅是因为该技术的共同开发商索尼和飞利浦每个都控制着唱片公司并要求它们使用新格式发行唱片。而且，索尼内部的一些人认为，如果索尼控制着录像娱乐业，由此只发行自己公司格式的录像，那么索尼的Beta制式磁带本可以赢得与日本胜利公司VHS系统的录像机标准战争。预计到其会继续开发娱乐新输送系统（包括当时还非常超前的高清晰电视），索尼收购了两家内容提供商的控制权，希望以此确保公司将来消费性电子产品的成功。值得注意的是，索尼的战略之后被其主要竞争对手松下模仿，后者同样收购了一个工作室和唱片公司。

索尼的经历显示了在单一公司内集成多种业务的一些缺点。实际上，期望中的协同效应从未出现过。索尼在此期间开发的所有产品看起来都没能因索尼对娱乐业的控制权而获得大量好处，虽然在电子游戏和工作室之间可能存在一些溢出效应。如果数字化会引发包括消费性电子产品和娱乐

_127

业在内的各种行业的聚合（如现在有些人预计的），那么该聚合可能会产生特定价值。但最终的收益必须足够大，可抵消初始时数十亿美元的花费以及之后索尼所遭受的高达 34 亿美元收购减值损失。

第一个问题是索尼的领导层对于新的业务几乎没有经验，或者说对其根本不了解。他们通过与哥伦比亚唱片公司在日本的合资企业知道一些关于录制音乐业务的事情，但是好莱坞则是完全不了解的领域。几乎不可避免地，他们不得不依赖公司从娱乐业雇到的经理们。他们所选择的经理看起来以非常投机、自利的方式在行事，并向他们索尼的老板们保证他们所享受的奢侈以及产生的失败是行业的标准。可能是地理距离以及公司和国家文化的差异，加上索尼选择给予工作室的管理人员非常大的自由并极少监控，使得该案例中的问题异常严重。然而，整体的观点仍保持不变：扩大公司活动的范围会使高级管理者评估和控制单个业务更加困难并容易导致管理道德问题。

同时，索尼的管理高层对消费性电子产品领域一心一意的关注已经被转移了。可能仅仅是巧合，但在收购后，索尼经历了几乎不曾有过的数种新产品的失败：高清电视没有获利、数字式录音磁带从未流行、小型磁盘也失败了。如果领导层未被新的业务分散注意力且其对传统业务的关注未受到相应的限制，可能就能避免或者缓解这些失败。而且，如果娱乐业务没有一直在亏钱，可能就会有更多的资源用于支持消费性电子产品的投资。

将完全不同的业务放在同一家公司内也会产生团体间的压力。例如，索尼在美国的消费品电子产品部的主管公开抱怨说来自娱乐部门的公告影响了其业务。他最终离开了索尼，但这肯定没有消除问题。管理高层必须处理竞争者和冲突。一般而言，异质会导致公司政治并影响公司活动，以及所有的伴随成本。

另一个问题是在组织设计上。不同的业务，以及不同的技术、市场和战略，一般会自行采用不同的组织设计：不同类型的人员、不同的结构、不同的管理和惯例以及不同的文化。将各种业务放到同一个公司意味着要么公司必须处理维持组织差异性所带来的复杂性和比较的难度，要么组织设计变得更为通用，但其对于单个业务而言也不是最佳的了。每种选择的成本都很高。

第 5 章 为绩效进行组织

索尼选择保持尽可能多的差异性。所导致的结果就是高度复杂、影响活动增加以及控制丧失。坚持整个公司适用的标准操作流程以刚好避免这些问题以及提高可比较性可能是更常见的做法。那么，这样的成本很可能就是因为组织设计未能很好地适应任何单个的业务而降低了绩效。

一个有名的例子就是天纳克吞并休斯敦石油和矿物公司（Williamson, 1985: 158）。休斯敦的业务是寻找和开发油气矿藏。天纳克是个混合联合企业，其业务包括石油和天然气勘探方面的活动。休斯敦以向勘探人员提供高奖励而闻名，包括给予勘探人员他所发现的石油储矿的股权。公司极具创业精神，员工积极性很高且技术熟练，公司在寻找天然气和石油方面非常成功。在收购时，天纳克承诺单独运营休斯敦以维持创业精神，休斯敦希望该创业精神能够普及到收购公司。但在数月内，天纳克已对休斯敦实施了统一的公司流程和薪酬制度。一位高管解释说，通用的流程和程序势在必行。大量休斯敦元勋级的人才离开了公司，留下的其他部分最后被融入到已有的其他公司中。同样的例子还有很多。

索尼力图通过无为而治的管理方式限制影响活动和复杂性问题。它未向好莱坞派遣任何日本高管，由在美国的办事处而非东京总部监管娱乐部门。但这加剧了控制和在群体间有效分配资源的难度。

在业务间分配资本是导致多元化公司中低效的重要潜在原因之一。如提到过的，早期混合联合企业成立的一个理由就是内部资本的分配实际上可能要比市场所达到的更好。最近，网络新公司损失的数十亿美元投资以及技术和电信股市泡沫的破灭再次证明了市场在分配资本方面远远不够这一观点。因此看上去内部资本分配可能会更好。另一方面，还有理由怀疑内部资本预算可能整体上是低效的，以及将各业务分成独立的公司可能会创造价值。

上文提到，为管理人员和员工降低风险是多业务公司的优势之一，这就更说明资本不会自动被投资到其具有最高使用价值的地方。虽然从给员工提供保险方面讲可能会有收益，但将资本用于低价值用途也存在成本。而且，这样的交叉补助还有额外的代价：相对于独立运营，现在的激励减弱了。如果一个单位的损失由其他单位产生的资源进行弥补，那么破产和失业的威胁就不具备那么强的激励作用。因此，资本的内部分配需要进行复杂得多的盘算。

此外，即使破产和失业不是问题，在单一的公司里拥有多种业务也会导致低效的资本分配，因为存在影响活动或需要限制这些影响活动。例如，在20世纪80年代，诺基亚公司进行了数次收购，将重点从增长率低的传统商品业务（木浆、橡胶产品和电缆）转移到了电子产品方面。但为了维持原业务中员工的士气，公司也允许他们自行进行收购。结果，这一支出代价巨大：因这些并购所负的债务使诺基亚差点在90年代初破产。而如果原业务并非公司一部分的话，这些成本原本是可以避免的。（实际上在20世纪90年代初的危机之后，这些业务就解散了，当时诺基亚选择把重点放在电信业务上。）

可用于竞争资本的方法因资本分配方式的不同（通过市场还是管理流程）而不同。这意味着所导致的结果可能会有差异。特别地，在组织内反对或者破坏其他业务的项目的可能性很大。很明显，这种行为在很多方面都代价昂贵。

对于多元化的高效性或者低效性已有大量的实验文献。最早的研究记录了明显的"多样化贬值效应"。美国股市对多元化公司各资产的重置成本估值要低于更集中的公司（Montgomery and Wernerfeld, 1988）。市场对多元化公司的价值评估也明显低于其对各组成单位评估值的总和（Lang and Stultz, 1994）。后期的研究重复了后一项结果，表明在英国和日本也是如此，并将原因归于低效的内部资本分配流程（Berger and Ofek, 1995; Shin and Stultz, 1997; Scharfstein, 1998; Lins and Servaes, 1999; Scharfstein and Stein, 2000）。

在大部分此类研究中，所使用的技术是将多元化公司与单一领域的、独立的、合起来与多元化公司业务一致的公司集合进行匹配。然后比较实际公司以及所构建的匹配集合的股市绩效和投资选择。该方法显示，相对于集中型公司对其业务范围的投资，多元化公司对其具有良好前景的较强部门的投资要少；而相应地，多元化公司对较弱的部门投资过多。这些变化一般是因为影响活动的作用：成功者在补贴失败者。其中可能发挥作用的有两种机制。首先，影响活动可能成功地扭转了选择，使前景有限的业务获得的资源多于其根据效益实际应得的（Meyer, Milgrom and Roberts, 1992; Rajan, Servaes and Zingales, 2000; Scharfstein and Stein, 2000）。其次，公司可能故意采用会扭曲资本投资的评估和决策流程以限制影响活动和降低伴随的成本。例如，相比根据效率进行分配，更均匀地分配资源（Milgrom and Roberts，1990c）。

混合联合企业贬值效应这一研究结果具有重大的影响：管理顾问参考该结论建议客户"坚持自己的老本行"，将公司限制在较小业务范围内。许多高管现在认为证据确凿的一件事是多元化会降低价值，而事实上也的确有大量的证据显示公司集中经营的市场回报会更高（Comment and Jarrell 1995；Berger and Ofek，1996）。然而，美国的大部分就业岗位还是在多元化公司中，在20世纪90年代前5年，增加多样性的公司几乎与降低多样性的公司一样多（Villalonga，2002b）。这就有两个疑问：为什么主管们会寻求明显有损价值的活动？他们又是如何做到而不受惩罚的？

最近，实证学者们已在质疑原先认为内部资本分配效率很低的观点，甚至怀疑到底是否存在多样化贬值效应。问题是，研究者在选择与多样化公司做出的投资选择及其市场估值进行比较的单业务公司组合的过程中可能存在偏见。测量误差也可能是其中一个原因，而且能够解释原先的统计发现的可能就是这些因素，而非任何真实的相对低效或者导致的贬值。

例如，Judith Chevalier（2002）检查了之后合并的各公司在20世纪90年代的投资行为。这些公司在彼此独立时显示了与在合并后相同的模式——明显过少或过多投资。因此，Chevalier得出结论，认为明显的扭曲不能归因于交叉补贴。Belen Villalonga（2002a，b）考察了同一时期的资料，他发现，在使用更复杂成熟的方法时，在应用标准方法来选择与多元化公司进行匹配的单一业务公司时所发现的明显的扭曲消失了。因此，很可能并没有显著的低效交叉补贴。

此外，Chevalier和Villalonga都发现，20世纪90年代进行的多样化并购实际上得到了积极的股市反应，即股市认为这种并购是增值的。Campa and Kedia（2002）考察了更长期限，也发现了类似的结果。这与其他的研究也一致，这些研究都一致发现，对于被收购公司，股市收益为正，而对于进行收购的公司，股市收益为零，这表明市场认为并购总体是创造价值的。这也与显示多元化公司在财务方面盈利性更高的大量研究一致。但是，这些结论也与一些研究冲突，后者显示多元化的结合会产生负收益（被对涉及紧密相关业务的整合的正收益抵消）。而且，在90年代进行多元化的公司实际上在多元化之前的交易价值就已显著贬损。因此，如果在糟糕的绩效与多元化之间存在任何因果关系,那么看起来也是低绩效导致了多元化,而非反过来。

最后,还有通用电气这一谜题,它是世界上经营业务最多元化的公司之一,而且在 20 世纪前 50 年也是绩效最好的企业之一。

那么如何理解所有这些?增加多样化的收购和增加集中经营的收购怎么会同时都产生良好的效果呢?答案很明显。如果主管们实际做出增加价值的选择,那么对范围的改变,不管是增加还是减弱集中性,都会带来市场的积极反应。有些公司有时候可能通过退出业务而增加价值,由此集中到他们做得最好的业务上并降低复杂性和影响的成本。其他的则可通过扩大业务范围获益,特别是新的业务能够利用未得到充分利用的能力或资源时,或者这些新业务对现有业务具有无法通过合同进行处理的严重外部性时。当实施这样的举措,价值同样会增加。

但管理学学者和经济学家们严重怀疑多样化可能是管理者道德风险破坏价值的表现。如果管理者喜欢领导更大的公司且现有业务范围内的发展机会有限,那么,很明显的选择就是通过增加经营范围来获得发展。在有些情况下,这好像确实有用,特别是 70 年代的石油行业。高油价带来巨大的现金流,而非洲和中东石油行业的国有化限制了跨国石油公司在该行业投资的机会。石油公司进行多样化发展,而不是将资金返还给股东。有些投资是合理的,即使实际上并不成功。例如,多家石油公司进入煤矿产业,其依据是煤矿产业是以开采地下油气为主的另一能源业务。其他举措看起来则非常怪异:一家石油公司购买了一个马戏团,而另一家投资了养鱼业!

当然也有管理者建立帝国的情况。而且,从个人的角度看,力图建立帝国的管理者其行事相当理性。更大型公司的领导有更多的特权也可行使更多的特权,虽然收购其他公司并不一定会导致更高的薪酬。在任何情况下,进行收购的高管们一般会被邀请进入其他公司的董事会(Avery, Chevalier and Schaefer, 1998)。在 2001—2002 年关于公司渎职的丑闻爆发之前,董事会成员资格是人人都期望得到的东西。然而,当前的多元化主要是建立帝国这一假设并不正确。实际上,如果多元化是建立帝国,那么股市应做出消极反应,但实际并非如此。

拒绝多元化仅是,建立帝国这一整体前提假设的理由是,至少在美国,大公司的高管们现在一般仍持有较多的普通股和优先股，这使他们很容易受到自己所领导的公司的价值的影响。而且，虽然国家法律的更改已基本上消除了恶意收购的危险，可以说驱动了 20 世纪 80 年代大部分强化价值的去多元化，但是看起来公司董事会对高管的监控更为谨慎和苛刻，而且有些机构投资者在提高绩效方面相当活跃。所以，如果对绩效有任何较大的代价，看起来主管们基本没有动机或者机会放纵自己可能会有的建立帝国的爱好。

因此，我们回到了原来的逻辑上：范围改变的前提目标是创造更大的价值。

在这一背景下，我们可认为增强的多元化是注重增长的战略的组成部分。另一方面，缩小的范围与强调通过注重实现当前业务的绩效以增加价值的战略一致。那么，可以预计，提高集中性这一措施应与其他旨在提高当前绩效的组织内变革一起被采用。

此外，如果环境改变创造了公司核心业务发展的新机会，可预计公司会更加重视这些核心业务，并置其他业务（这些业务是公司在没有其他扩张渠道的情况下进入的）不管。因此，我们可预计，甚至是那些注重发展的公司也会缩小经营范围。全球化就是这样的改变：降低了贸易和投资的壁垒，提高了跨国界通信、出差和运输的便利性，这些都意味着进行国际扩张的新机会以及能够扩大地理范围实现增长，而无须增加所提供产品或服务的类型。反托拉斯政策的放宽与改变在特定情况下也有相同的效果。

内部组织和绩效

虽然已有大量的经济学研究考察了公司垂直和水平界限的问题，并为分析和评估我们在这方面观察到的改变提供了基础，但对于公司的内部组织及其对绩效的影响的研究却要少得多。因此，我们此处的讨论更多地是推测性的。但即便如此，经济学的逻辑也在一定程度上阐明了正在发生的改变的类型以及它们可能的因果关系。

当前比较普遍的看法是当前商业技术和竞争环境的变化速度更快，商业人士声称，他们组织内正发生的许多变革都是对这一加速过程所做出的反应。他们所述的逻辑与我们在 18 世纪加拿大皮毛贸易案例中所提议的逻辑类似。西北公司通过创新组织形式战胜哈德逊湾公司的巨大成本优势，包括授权那些与相关信息紧密相关的人员制定关键战略和运营决策的权利、使用强有力的财物奖励和所有权激励以使他们做出正确的决策并投入大量的努力，以及创建确保信息共享和众多个体决策一致的机制。这在新的竞争环境中发挥了非常好的作用，使得哈德逊湾公司几近破产，虽然哈德逊湾公司更为传统且等级式的命令和控制制度在公司作为垄断者的一个多世纪中起到了很好的作用。

在英国石油公司以及其他松散耦合式的离散型组织中所实施的变革有许多共同的特征。其中数种特征彼此之间关系非常密切：

- 明确战略和公司政策；
- 创建比之前所偏好的单位更小的离散型组织单位；
- 给予这些单位的领导更高的操作和战略权限，使其对结果担负完全责任；
- 通过扁平化减少等级制度中的层级；
- 减少总部员工的职位数量；
- 增强对单位和个人层面的绩效激励，可能还辅之以与整体绩效挂钩的奖励；
- 增加投入到管理培训和发展中的资源；
- 倡导经理和员工之间的水平联系和沟通，而不是要求所有的信息在等级中上下流动；
- 改进信息系统以促进绩效的测量和各单位之间以及上下等级之间的沟通。

这些举措通过由各种互补关系所组成的稠密网络联结在一起，因此采用任意一种行动的影响都可通过采用其他措施得到强化。所以，我们常常看到所有措施都是一起实施的。确实，只采取其中部分举措的公司不仅无法达到采取所有行动的公司所经历的显著的绩效改进，而且甚至可能遭受绩效降低。

创建零散的、集中于某一业务的运营单位并给予它们的领导较大的活动决策权应具有提高绩效的数种直接影响。首先是提高对单位中人员的激励，使其为单位的绩效努力工作并清楚地理解自身责任，也就是表现出主动性。这可在多方面体现出来。

首先，了解自己真的具有进行决策的职责和权限这一点本身就具有激励作用。如果知道你的决策就是你自己要执行的，甚至只是知道老板不太可能反驳你的决策，那么你都会更慎重地对待决策，并很可能投入更多努力以开发你做出良好决策所需的信息（Aghion and Tirole，1997）。此外，如果上级放弃了决策权，花费时间和精力影响其决策（而非完成工作）的动机就会减弱（Milgrom and Roberts，1988b，1990a）。这会使你将更多的精力放在单位的绩效上。

扁平化增强了创建小型获授权单位的激励作用。扁平化一般意味着控制范围（即向单一经理报告的人数）的增加，特别是那些直接在任何被取消的层级之上的管理者的控制范围。这可能会影响此类经理不干涉较低层级决策的承诺，特别是当员工数量被削减之后，因为他们没有时间和资源。这又会增强重新分配决策权的激励作用。而且，如果决策权和权力从中层管理者身上移除，对这些管理者的需求就减少了，因此取消这些职位更加有吸引力。

因此，扁平化和创建小型获授权单位在激励主动行为方面是互补的。第二种创建小型单位来影响激励的方式是通过更清楚地表明个人的选择和行动与单位绩效间的关系。这可促进内在激励的提高以及更强的正式激励的提供。如果组织的结构设置导致绩效只能在大型的次级单位上进行追踪和测量，那么个人完成的工作与这些行动结果之间的联系则非常模糊。在较小的单位中，两者的联系更为清楚一些。这可增加内在的动机，因为你可看到自己的行动是如何发挥影响的。

同时，测量较小单位的结果很可能会提高绩效测量的准确性，由此减少任何联结行为与奖励的制度中的随机性，这是因为结果已不再被掩埋在与其他人和单位行动的混合物中。这反过来使得能够在不施加太多风险的情况下在单位层面给予更强烈的正式激励。因此，组织设计的这些特征同样是互补的，而且创建获授权的单位使得增加激励更具吸引力。对于与绩效挂钩的明确的财物激励，以及从晋升的更好前景到相当直接的表扬等各种不那么正式的奖励而言都是如此。

此外，测量较小的团体的绩效可降低搭便车问题，从而使对小组提供明确的激励这一措施更为有效。出现搭便车问题是因为，对于任何绩效改进的奖励实际上都是在一起测量绩效的人群间共享的（Holmström，1982b）。当所获的奖励在更小的范围内共享时，激励作用就会更强。最终，鼓励提高绩效的社会准则在更小的群体中也会更有效。而增强的激励强度反过来又会与提高绩效测量互补：如果显示了更强的激励，则改进绩效测量的益处会更大。通过界定更小更集中的绩效单位以及改进信息系统均可实现该目的。同时，随着测量质量的提高，增强激励强度的吸引力也会上升。因此，阐明战略，由此明确良好绩效的组成成分以及需要进行测量的东西也可导致给予更强的激励。最后，改进的测量支持更广阔的控制范围。由此可见，共有特征在很大程度上是相互联系的。

创建小型获授权单位对绩效的第二个作用是会提高适应新信息的速度，至少，是运营单位中的人最先获得信息，而非组织中的上层管理者。直接与相关信息（如关于客户需求、供应商和竞争者行为、生产条件和机会的信息）来源相接触的前线人员应更能获得这些信息。（相比较而言，可以说是公司总部更可能获得关于新出现的政治和法规问题、社会趋势、金融市场条件和公司政策的信息。）只要具有决策权的人有动机做出决策，授权拥有信息的人根据信息进行行事的权力明显能够加快行动。无须等待信息向上传达、理解和分析以及之后的决策下达。此外，因为拥有相关信息的各方可能难以沟通，不管因何种原因，沟通容易导致信息的混淆篡改，如果决策是在接近信息源时进行的，那么它就更可能以更准确的信息为依据。

提高决策的速度在环境变化越快时越有价值。世界正在以前所未有且还在不断加快的速度变化着，这肯定是商业人士们的普遍认识。这就促进了将决策推往前线。

授权给小型前线单位的成本之一就是决策的质量会变差。在传统等级式组织中，各种决策是由中层管理人员进行的，但这些职位在组织扁平化过程中被取消了。特别地，影响多个单位但并非整个组织的决策（如在两个部门间的资本或客户分配，或一个单位是否可以采取将会损害另一单位的项目）一般是由监管这些单位并负责两个小组绩效的有经验的经理进行。现在此类决策的责任要么向下转移到更低等级的人员身上要么向上转移到高层。无论哪种情况都可能出现问题。

如果决策向下转移，决策者可能不会拥有用于说明对其他单位或者组织整体的溢出效应所需的信息。他们可能也未得到恰当的激励以负责这些影响。而且，当新获授权的前线经理的相关经验不如被取代的中层经理时，决策的质量可能会下滑。另一方面，如果决策权向上移动，激励一般

第 5 章 为绩效进行组织

不成问题，因为管理高层肯定希望促进整个组织的绩效。同样，因现在管理高层与前线的距离并未比现在已被取消的中层管理者与前线的距离更远，他们能获得的信息的数量和质量也不太可能变差。这在信息、测量和报告系统已进行强化时更是如此，实际上信息、测量和报告系统的改进也是组织变革的一般组成部分。难题在于，高管们的负担过重了，他们需要做的工作和决策都太多了，这会导致匆忙糟糕的决策或者代价巨大的拖延。还存在的一个风险是，高层干预的结果是在通用基础上实施的，这会从根本上消除作为该组织模式重要组成部分的松散耦合以及更强激励。这实际上意味着之前在中层做出的大部分决策必须向下转移。由此可见，提高前线管理人员的决策质量的措施必须与扁平化改革相互补充。

如果问题是前线管理人员不理解其决策的全面影响，其中一个解决方案就是提供相关的信息。这在通讯和信息系统改进的情况下更容易实现，对该系统的投资则可使决策权的重新分配更加有效。使不同单位的经理直接相互联系，由此他们可以告知彼此关于溢出效应的信息，这可能非常有价值，因此该实践同样与所有措施中的其他举措互补。大部分直接联系可通过信息技术实现，但面对面的亲身交往也很重要，当相互关系正在形成时尤其如此。清楚地知道战略以及整体的公司政策同样会有所帮助，因为这可界定决策并将注意力集中在关键问题上。

如果不好的决策是因为未经协调的激励，解决方案就很明显，即提供正确的激励。这可以是降低绩效报酬与单个单位绩效的相关程度，从而使薪酬与公司整体绩效更相关，虽然这会限制主动行为并对单位绩效有消极的影响。在存在溢出效应的情况下，建立关于决策方面的强硬准则同样有用，如果这能够使经理对其决策对他人产生的影响负有更完全的责任的话。英国石油公司之所以将员工的薪酬在一定程度上与公司整体绩效相互关联，部分也是出于该目的。更多的措施，如创建同侪小组，可提高合作水平，因为单位经理不得不与其他会遭受决策溢出效应的经理一起工作并依赖他们。

另一方面，在 20 世纪 80 年代，强生的分权式结构在激发 13 家向医院销售产品的强生公司的合作行为时就有很大困难。公司力图引进可合并与医院的订单和货运的通用物流和计费服务模式。这对很多正在失去市场份额的公司而言就有竞争意义，而且可节约很多开支并使客户更加便利。那么，公司的价值观原应引发对改变的合作性接纳，因为这些价值观强调了首要责任是服务客户这一点。然而，拥有最好产品的最强大的公司——即使在客户未能得到良好服务时也具有竞争力——并不愿意放弃自身的任何独立性。

如果能力受限是问题的来源，那么首要的问题是中心是否会做得更好。毕竟，总部缺乏相关信息且必须依赖部门经理获得信息。即使如此，解决的方案也可以是通过投资于管理发展和提供单位员工来提高该业务的能力。实际上，英国石油公司在管理发展上的投资很大。

创建小型的、集中式的获授权单位还会产生的第二个难题是，组织可能难以应对某些挑战和机遇，这些挑战和机遇可以在不同于"自然的"联结模式（绩效的主要方面中产生出来的）的基础上被最自然地处理掉。在英国石油勘探公司，其重点主要集中在提高产量和控制成本上，各单位之间的联系在于联结在实现低成本和高产量过程中面对类似技术问题的单位。因此，位于同一地理区域的单位不会直接联系在一起。但是，举个例子，在法规和环境问题上，最好是在国家或者地区的基础上进行处理。

对于这些问题的自然反应就是创建矩阵模式。其在明确性和正式性上可进行改变。ABB的地理位置和产品矩阵中，每位部门经理向两个老板报告，这是一种极端形式。通用汽车使用"网篮"模式。组织的主要维度是产品和区域，但高管们负责跨单位的流程，如质量和生产。英国石油公司曾尝试使用名义上与业务组等同的区域和政策小组，但只起担保性作用。由同侪小组连接的业务单位仍向业务执行委员会报告，但区域和政策组的员工会就那些与主要结构的业务重点不相符的事务与其进行联系。但这实际上并不成功。到20世纪90年代末，因为收购以及进入新业务领域的举措显著增加了公司业务的复杂性以及地理上的扩张，公司开始调整组织设计，试图通过使监管业务单位的高层经理们担负额外的地区性职责来更好地处理地区性问题。

整体系统

我们所描述过的内部组织特征的互补性实际上适用于公司的水平和垂直范围。决策的明确性和绩效的含义在公司更为集中时更简单。较小的范围也意味着在分散模式中可能会有问题的单位之间没有太多相互依赖的机会，虽然合作的逻辑表明，外包行为并没有缓解有效处理相互依赖性的需求。而且，因高层管理者团队较小，所以小的营业范围也更具吸引力，因为这可减轻负担过重问题。由此所有部件都相互吻合了。

这些论点的应用实际上已进行了检验。Andrew Pettigrew 及其同事（Ruigrok et al.，1999；Whittington et al.，1999）在 1992—1996 年期间研究了 448 家欧洲公司，检验了公司绩效与采取该模型中的因素的程度间的关系（研究者将重点放在涉及改变公司界限、内部结构和流程的十个因素上面）。他们发现样本中绩效最佳的公司所采取的操作之间存在数种统计上显著正相关的关系：采用一个特征（如更强的水平联系）与采用其他特征相关（如更大的 IT 投资）。引人注目的是，绩效最差的公司通常显示出相反的模式：已增强水平联系的较弱的公司很可能会减少对 IT 的投入。

这些观察到的模式与上述论点一致，即设计的各特征互补且新的模式对绩效有积极的作用。这些结果证实了从计量经济学角度对绩效决定因素所做出的估计。研究表明，采用相关的所有措施对绩效有较强的积极影响，虽然采用单个因素通常会损害绩效。

研究者同样发现，样本中的大部分公司已开始采用新模式，至少是采用其部分特征。但是，只有很小比例（大约二十分之一）的公司实施全部改革，通过彻底改变结构、流程和界限，完全采用新模式。这么做的公司获得了比那些完全未向新模式转变的公司高得多的盈利能力。值得注意的是，仅采用三个因素中的一个或者两个特征的公司实际上比那些完全未转变的公司表现还要差很多。

由此可见，若从整体上看并在整体上实施，所采取的变革具有极佳的商业意义。将所有变革综合在一起可显著改善绩效，但混合和搭配并不起作用。

注释

[1] 关于对变动范围的详细检验以及它们确实发生了的证据调查，参见 Whittington et al.（1999），还可以参见 Lichtenberg（1992）中关于集中的内容，McMillan（1995）中关于外包的内容，Rajan and Wulf（2002）中关于机构扁平化的实践证据，以及 Nagar（2002）中关于委托授权和激励报酬的内容。

[2] 关于所涉及问题的更一般化的讨论,参见 Milgrom and Roberts(1992:552-61)、McMillan(1995)和 Holmström and Roberts(1998)。

[3] Baker,Gibbons and Murphy(2001)、Levin(2003)和 Doornik(2001)都是近期研究中所得出的一些例外。

[4] 在日本的汽车行业中,汽车总成本中一般只有30%是在最终的制造者那儿产生,余下的部分都是由外部供应商所产生的。相比之下,20世纪80年代,通用汽车公司有70%的成本是在自己公司内部产生的,外包给其他人的部分要少得多。更多信息和文献,参见 McMillan(1995)和 Milgrom and Roberts(1993)。

[5] 这里的基本逻辑与第4章中对委托—代理情况下的名声的讨论相似。

[6] 事实上,在安达信会计师事务所接管了另一家破产的英国供应商,并要求60%的溢价,以此威胁停止为探险者(Explorer)越野车提供汽缸盖之后,福特就早早地停止了在欧洲出售其探险者越野车。在这个案子中,英国高等法院(British High Court)判定安达信在发掘客户的弱点方面的行为是恰当的,因为接管者的责任就是要筹集金钱来归还债权人。

[7] Geneen 也直接地同意了降低风险的观点。

第6章　为增长和创新进行组织

完成当前的绩效可使股东们满意,但如果公司不仅盈利,而且还不断提高利润和盈利能力,股东们则会更高兴。而且,公司的成员们也往往喜欢增长。在增长型的企业中,工作更为有趣。增长意味着有可获得更多令人激动的新职位任命和升职机会,不愉快的冲突会减少,因为所分割的馅饼更大,每个人都可获得更多。然而,在不减少当前绩效且不破坏价值的情况下实现增长可能会非常困难。

只要公司原有业务的潜能未耗尽,完成当前的绩效和实现增长完全可以相容。这并不是说增长一定是容易的。公司规模更大会带来复杂性,而且,在小型公司中能够胜任的组织设计可能会无法在较大公司中成功扩展。但是在业务扩张时扩展基本的战略模式并不存在固有的冲突。

但这样的组织增长有一定的限制。管理学者已指出，大部分行业会经历生命周期，从创立到快速增长再到成熟，此时行业基本随整体经济发展，而后很可能就是最终衰退。[1]虽然因为有些公司进入行业较迟，有些则在行业死亡之前退出，所以单一的公司未必会遵循整个的周期，但是行业的发展趋势奠定了单个公司发展的背景。当行业快速发展并吸引新的客户时，单个公司快速增长的空间也很大。因此，部分汽车公司以及整个汽车行业在20世纪早期发展很快，而软件、半导体、计算机和电信行业的公司在20世纪后期以超快速度发展。

但在某些时间点上，市场发展肯定会变慢。对于少数公司而言，仍可能通过吸引竞争对手的客户来保持快速发展，但这会越来越难。另一可能是扩张进入新地域市场，但该方法有实际限制。通过吞并竞争者引导行业整合的过程也可在一段时间内带来持续的增长，但对该增长源也有明显的限制：即使进一步的整合在经济上是可能的，反托拉斯政策也会对其造成阻碍。

因此，如果公司要保持快速发展，最后这必然是通过开发在公司原有范围外的商业机会实现的。而且，如果对公司原产品的需求减少，开发新的选择对于公司的存续都会成为至关重要的问题。

收购是进入新业务领域的一种方式：购买在这些领域中已有的产品、部门或公司。另一选择是公司自行创造和开发新机会。收购很容易获得更高的销售数量和更高的利润，但是它对于价值创造和盈利能力的意义并不一定是积极的。另一方面，创新本质上是个易变的过程。而且，支持创新的组织设计与支持完成当前绩效的设计有很大不同。这意味着保持以高于整体经济增长速度的速率进行发展是个很困难的过程：几乎没有公司能够长时间做到这一点。同时，在追求可持续发展目标时可能会损坏大量的价值。

本章的内容是关于如何为了增长而进行组织。我们将首先简要讨论收购选择，而后进入我们主要的关注点，也就是在持续完成当前业务的绩效的同时进行组织创新的问题。

收购性增长

收购肯定能够使公司进入新的业务并获得新的增长机会。通用电气已

第6章 为增长和创新进行组织

进行过数百次的收购。在最近几年，许多收购是由公司的通用电气金融服务部门完成的。在收购过程中，通用电气金融服务部门自身成为巨大的多元化企业，其增长成为母公司发展的主要组成部分。一些公司也是用收购维持在高科技业务中进行竞争和发展所需的不间断的新产品。举个最著名的例子，思科系统购买了大量较小的公司以获得保持自身路由器、交换器和其他网络设备以及软件业务的创新的技术和人员。收购也已用于公司的完全转型。西屋电气公司是一家历史悠久的美国制造公司，在1997年将自身转型成名为哥伦比亚广播公司的媒体企业，拥有哥伦比亚广播公司的电视网络、有线电视以及广播电台和电视台。它主要通过购买媒体业务和出售原本的制造工厂完成转型。类似地，1990年时，曼内斯曼公司是德国重工业、煤炭、钢铁和管道生产、工业机械以及汽车设备等行业的代表。九年之后，曼内斯曼成为专业的移动通信供应商。转型始于曼内斯曼在1990年获得许可创办德国的一个无线通信网络，而后它通过收购欧洲其他国家的无线公司发展成为该行业中的主要竞争者。1999年，公司退出所有工业业务完成转型。（引人注目的是，曼内斯曼和哥伦比亚广播公司之后又被别的公司吞并，前者是被沃达丰，后者是被维亚康姆。）

基于收购的增长战略的最大问题是如何通过收购过程为进行收购的公司的股东创造价值。无利润的扩张是无意义的，因为仅仅是变得更大并没有实际的价值。一般而言，要通过收购其他公司使公司所有者获益非常难。困难在于两方面。首先，要防止所有潜在可能的价值创造流向被收购公司的股东。其次，在交易完成后要实现潜在的收益。

大量研究得出的一致结论是，若用市场反应来进行测量，平均而言，并购的确会创造价值，但是这大部分或者说所有的价值都会被归于目标公司的所有者。一般的模式是所收购公司的股价呈现显著的正"超额收益"（其价格相对于根据整体市场变化预测的价格要更高），这表明投资者认为目标公司的股东通常做得很好，能够获得其股份的较高溢价。另一方面，进行收购的公司的股价一般不会受到影响，或者会稍微有点下降。[2] 因此，从净值上讲，投资者认为在平均交易中产生了价值，但是只有很少部分的价值或者根本没有价值归于那些进行收购的公司。

如果收购公司存在激烈竞争且可能的目标相对于感兴趣的买家数量而言供不应求，剩余价值的分配就如人们所预计的一样。当然，并不一定是卖家处于市场短缺的一方,但情况通常就是如此。这反映了一种可能,即,对于高管们来说,发展并保住自己职位的愿望胜过被收购并可能被解雇的愿望。这还可能反映了目标公司在出现被收购的可能性时会积极寻找更多的收购人。的确,可以说目标公司的主管们对其股东负有努力实现拍卖从而使他们公司的售价能够通过竞争得以抬高的责任。

即使对于目标公司的竞争并不十分激烈,也可用信息问题解释收购收益的分配。这在关于竞价投标的文献中被称为"赢者诅咒"。其基本观点就是,在被出售物品的价值对于不同的竞价者而言存在共同要素的拍卖中,除非竞价者富有经验,否则赢家很可能最终会支付比被出售物品实际所值更高的价格。目标公司的收购也可能具有该特征。

公司对任何其他公司的价值可表示为一些其对任何可能的收购者都值得的部分(反映了业务的根本价值)与一些特殊成分(反映了目标公司和单个竞价者匹配的特殊性)之和。没有竞价者确切地知道这两个因素中的任何一个。这两个因素必须进行估算。如果估计值较高的竞争者一般会更强势地出价,那么获胜者一般总是估计值最高的公司。但即使每家公司的估计值都未发生偏差,公共成分的最大估计值一般而言也很可能高于实际金额。除非竞价者考虑到"若自己是获胜竞价者,则自己对目标公司的估计值最高(这意味着估价很可能高估了)"这一事实,否则它的竞价一般会过于积极,并支付太多金额。

有经验的竞价者可能会学会向下调整竞价从而规避赢者诅咒。例如,各石油公司意识到该问题已经很多年了,可推测它们已学会如何在石油租赁竞标中处理该问题。但竞标收购其他业务的公司是否已学会克服赢者诅咒并不那么确定。

即使避开了赢者诅咒,对目标公司进行收购竞争这一事实意味着,只有在目标公司对于收购者的价值显著高于对其他竞争公司的价值时,通过收购来实现增长对于买家而言才是增值的。在竞争收购公司时通常发生的拍卖类型中,价格反映的一般是竞标失败者对目标公司的最高估值。除非这比获胜者的估值低不少,否则所有的收益都将流向被收购公司的股东。

是什么使目标公司对一家公司的价值高于对另一家的价值?首先,我们需要区分我们是在考虑目标公司对于收购公司主管们的价值还是对于股东们的价值。如果主管们是在"建造帝国",或者他们过于自信并高估了

第6章　为增长和创新进行组织

自己在运营目标公司时创造价值的能力,这些估值会有显著差异。但如我们在之前章节中所讨论的,激进投资者的出现以及对以这样或那样的方式与股价挂钩的高管绩效的信任的加强意味着,这种管理道德风险很可能已不像过去那么严重。那么,答案就取决于两件事情:通过共同指挥两家公司资产创造价值的可能性以及实现额外价值的实际能力。

在业务组合中创造价值的可能性取决于公司之间存在除了统一管理和治理之外否则不能实现的互补性。特别地,如果收益可以在不结合两家公司,也就是说不通过联盟、合作经营或者合约关系的情况下实现,那么将两家公司放在一起并不划算。

必须存在的互补性可能是因为,在其中一家公司中未得到充分利用的资产可同时在两家公司中使用。大部分经常在并购中报道的"协同效应"就是这种类型:只拥有一个财务或者人力资源部门可以节约成本,条件是存在任何规模经济或者不可分性且这些措施提供的效率无法通过外包这些部门等举措实现。重要的是,相关的未得到充分利用的资产可能是无形的,如知识。举个例子,可以说,英国石油公司在20世纪90年代收购美国石油公司和大西洋富田公司时创造的大部分价值源自将英国石油公司优秀的管理系统应用于这两家美国公司的人力和实物资产中。可撬动新业务的具有吸引力的市场地位也可能是收益的来源。思科系统公司可通过购买技术公司赚钱是因为它作为大型公司网络的设备供应商这一独一无二的地位以及它在客户间的名声。这些都意味着它从所购买的技术中获得的收益要高于其他竞标者。互补性收益还可能是因为每家公司拥有的资产在一起使用时更有价值。因此,如果一家公司有制造能力,另一家有市场营销能力,那么所结合的公司很可能比各组成部分之和更好。

当目标公司和收购者处于相关行业时,很可能会存在具有经济意义的互补性。例如,Newell公司已通过收购家用产品领域的其他公司(包括乐柏美公司)发展成为该行业的龙头企业,扩张了其产品类型(Barnett and Reddy, 1995)。Newell通过应用其独特的管理系统以及利用自身与零售商的关系增加价值。但在收购的目的是将买家推入新行业时,此类互补性存在的可能性就比较小。因此,以这种方式达到实际的创造价值的增长一般而言非常困难。

而且,即使在将两家现有的公司结合到一起时存在可能的互补性,实

_145

际实现互补性也会成为很大的组织难题。合并后融合的难度众所周知,其原因也很容易理解。

在兼并或并购后进行组织的模式基本上有三种。一种是尽可能地保持两个组织的独立性。这是在索尼收购哥伦比亚电影公司后最初采取的方法。该方法基本上放弃实现任何重大的互补性,但使得各组成部分能够采用与其业务相符的组织设计。这在并购的目标是进入新行业且不管原业务时比较恰当,曼纳斯曼和西屋/哥伦比亚广播公司就是这么做的。但是,这难以了解在并购过程中如何创造任何价值,而且,支付给目标公司的任何溢价都将难以收回。

其他两种方法都是实际寻求融合。一种是选择其中一个组织的模式(一般是收购者的)并尝试全面构建该模式,重组和吞并目标公司。在英国石油公司和美国石油公司并购案中就是这样的,以英国石油公司的设计为准,美国石油公司置于英国石油公司的业务单位模式之下。第三种方式是寻求两者组织设计中最佳的部分并结合它们创建相当不同的模式。这是共同的模式,当大小差不多的公司进行"对等并购"时特别容易采取该方法。惠普收购康柏之后所进行的融合过程就是一个著名的例子。

实施其中一个公司的组织的较大优点在于能够减少组织变革中所涉及的混乱和中断。这也有助于快速融合。如果存在清晰的模式,那么新的人员仅仅是需要去适应。当然,在组织中纳入一群新的人员肯定会改变组织,而且这些人员融入所选择模式的文化可能是个缓慢的、不确定的过程。当两家公司是处于同一行业时该方法能够发挥良好的作用,如英国石油公司所进行的行业合并。这也是思科系统并购大量较小公司以获取技术和人力资源时使用的方法。的确,思科系统会根据潜在目标公司的人员和文化因素筛选它们,以确保它们能够较为容易地与思科系统匹配(O'Reilly, 1998)。但是,如果目标是引进崭新的业务机会,那么强制推行收购公司的模式的效果可能就非常差,因为它不太可能适用于协调和激励人员展开新的业务活动。在极端情况下,这有迫使随并购而来的人员离开的风险,因此也就失去了进行交易的首要原因,即要获取的能力。前文所引用的天纳克与休斯敦石油和矿物公司的例子就说明了这一危险。

使用"每家公司最佳部分"这一方法的首要危险就是选择可能会被延迟且绩效因此会在更长的时间内都较为糟糕。它需要确定什么是更好的方法，而且该问题可能不会马上就有明确答案。此外，该选择可能会引发大量政治活动以及因此导致的影响成本，因为每一方都会竞争组织要选择的方式。的确，有时候可能根本不能做出选择。在创建了日本第一劝业银行的并购发生后大概二十年，银行中仍有独立的人力资源部门处理来自各原公司的人员。惠普实际上可能从因股东反对而导致的并购延迟中受益，因为这给了惠普更多的时间在实际合并发生之前考虑应解决的设计问题。

第二个问题是，在原设计包含和谐系统的情况下，选择每种设计中明显绩效最好的特征可能并不会产生协调的设计。如我们在第 2 章中所讨论的，混合搭配在设计问题上常常会导致灾难。

从所有这些中得出的结论就是，通过收购实现盈利性增长比较困难，而通过该途径进入新的行业以创造价值尤其困难。因此，我们现在来研究在已有公司内促进创新并同时保持原业务绩效的问题。

在已有公司中的创新：探索和开发

进行组织以促进新理念的生成并不困难，研究型大学就是现成的模式。把聪明的、好奇心强的人集合在一起，给予他们时间、资源以及最小程度的指导，使其与其他聪明人沟通，同时分享想法并使想法经过严格的检查，确保那些其想法被判断为最佳的人员能够得到其所重视的奖励（不一定是很多钱！）。美国电话和电报公司的老贝尔实验室就是这样运作的，在那里完成的基础工作产生了多项诺贝尔奖，包括发明晶体管和找到大爆炸理论的证据。施乐公司在帕洛阿尔托的研究中心的设计也与此类似，而且它也同样很有成效：面向对象的程序设计、局域网和许多个人电脑的关键特征都是在该中心形成的。当然，在这两个案例中，母公司都未从这些伟大的想法中赚钱，这可能是因为它们的组织形式太像大学了！

因此，问题并不仅仅是创造新的想法，还在于要将其成功商业化。许多已有公司痛苦挣扎着寻找新的商业机会，而另一些从不认真寻找。同时，还有一些公司持续不断地创造新的产品以及全新的产品类别。然而，这些精通于创新的公司大部分都要挣扎着完成日常的绩效。它们可以发明东西、创造新异的业务，但它们看起来无法真正高效地经营自身。同时能够创新和保持高效的公司非常少见。我们首要的问题是了解为何如此。之后我们会探讨一些新的研究，它们说明了如何促进增长所需的创新而不放弃太多当前绩效。

James March（1991）已区分了创建新业务而后能够成功经营它们的公司中所涉及的两项任务。首先是有效地开发存在于当前环境（公司所采用的基本经营模式、针对的市场领域、提供的产品或服务以及使用的技术）中的机会。另一任务就是探索和发展新的机会。探索和开发是相当不同的任务，要求不同的组织能力且一般需要不同的组织设计使其生效。

开发的本质是要在实施当前的战略时达到最大的绩效。如在第 5 章中所描述的，完美的开发需要完全集中在当前的计划上，所有的能源都旨在有效及时地实施计划。因此，开发包括能够促进集中和实施的组织设计，即人员、结构、惯例和文化。激励很可能比较强且在可能的情况下以运营绩效、成本、收入和盈利的定量测量为依据。过程的控制应严格，从而降低不确定性和管理风险。应强调满足已识别的当前客户需求。松懈偷懒，即未投入到战略实施中的资源，应毫不留情地予以消除。

林肯电气在开发任务上做得非常好。在数十年中，它一直都在非常高效地追求减少电弧焊接设备以及用品的制造成本这一目标，这使其能够降低向客户提供的价格并支配市场。如上文中所描述的，林肯电气组织设计中的所有要素都旨在促进工人提高完成所指派任务的效率。从林肯电气著名的计件工资以及有名的年终奖薪酬计划到工作设计的方式以及所有权结构都是如此。无情地挤出每一点成本——即使看起来是废物的东西也会被转化成为战略的所需成分以实现高效。例如，为允许个体调整工作速度，林肯电气需要超大量的在制品库存，这对于计件工资的有效性以及计件工资所产生的促使工人努力工作并以巧妙的方式更好地完成工作的激励作用至关重要。类似地，不可能在不降低职工们的信任以及长期忠诚度且不破坏对主动行为以及合作行为的激励作用（两种激励作用分别源自计件工资和年终奖）的情况下降低员工的高工资（其一般是林肯所在地区制造业工人平均工资的两倍）。

开发并不仅仅是指狭义上的静态效率。实际上，它可能包括大量的创新。如果多年以来没有开发和实践大量流程创新，林肯电气也不可能使每小时产量不断提高。类似地，非常优秀的开发者英国石油勘探公司在寻找

第 6 章 为增长和创新进行组织

和挖掘石油方面也做出了无数重大的创新，包括开发水平钻井以及深海钻井的能力。此外，在技术变动较大的行业中的公司已像有效的开发者那样在经营。例如，在整个 20 世纪 90 年代，英特尔公司非常执著地开发了 X86/奔腾处理器结构中的各种机会。实现每代新芯片的最大制造产量一直都是最主要的优先考虑，由此公司使成本降到了最低，从而降低了价格。新芯片的开发过程高度正规化和纪律化。对微型处理器的关注如此绝对以至于沙漠中的石碳酸灌木成为公认的对其的比喻：石碳酸灌木会喷出毒剂杀死任何侵入其领地的其他植物，而微型处理器业务会消除任何可能会转移对其的关注的其他举措（Burgelman，2002）。

虽然开发者的确进行创新，但彻底的创新并非是开发，而是探索的产物。开发和探索都涉及寻求改进的过程。但开发型的改进主要是在正常的业务过程中进行，是在当前日程或模式的背景下寻求改进或相当有限的扩展。探索涉及更广领域中的搜索，寻找在当前范式外的新机会。它必然包括更多的不确定性，在是否能够寻找到任何东西以及寻找到的东西是否真的更好等方面都是如此。它从根本上取决于松懈，即能够分配来使用的那些对执行当前战略基本没用或完全没用的资源。考虑一下"新的、经过改进的"汰渍®洗涤剂与高密度数字光盘的区别。大量的消费者研究表明，保洁改动已有产品所用的方式能够满足所表现出的客户需求，这就是开发者模式的寻找。索尼和飞利浦创造可娱乐的新传输系统，而该系统的优点是潜在消费者无法想象的，这更多的是一种探索式的寻求。

有些公司已采用完全探索式导向的方针。最纯粹的探索者完全把重点放在新想法的产生上，而筛选那些值得开发成为业务的新想法以及之后创造和运营这些业务都留给他人完成。这就是研究型大学的运营方式，从转让技术获取一些收益，但是几乎没有商业性组织能够承受这种方式。但有些组织已接近该模式。出售生成的想法或者将它们分离出去成为独立的公司，而不是自己尝试创建和经营业务。创意实验室就是这样一个例子。虽然创意实验室在网络公司泡沫破灭后面临着困难，但它原来的经营模式就是根据创立者比尔·格罗斯以及公司研究人员的想法创建因特网业务。新业务的 CEO 们是从外部聘请的，创意实验室的主要功能是现在常见的"孵化器"，这也是创意实验室促成的一个角色。它提供初始的想法、资金、办公场所、经营服务、专业技能和建议，之后它帮助联系风险投资者。业务成为独立的公司，创意实验室保留对每家公司的较多股份。到1998年，通过该过程已产生了三十多家独立的公司。

很少有公司满足于成为纯粹的探索者或者说孵化器，但他们仍非常重视探索。其中最著名的是3M，特别是在20世纪90年代那段时期（Bartlett and Mohammed，1995）。该公司有非常多的产品类型，从其在一个世纪之前开发的湿用砂纸、在全球高速公路上使用的反光标识到思高牌的胶带以及医疗用品。它的长处就在于开发突破性的新产品。这要求想象力、"跳出框框"的思路、冒高风险和接受失败的意愿（甚至是表扬而非惩罚有希望的失败）、对未尝试过的新事物的开放态度以及用于产生和形成初始时看上去根本不太可能产生成功产品的想法的闲余资源。3M将其组织集合起来使所有这些成为可能。

建立多个研发小组，且很少会尝试协调和合理化这些小组间的活动，但强烈鼓励各组间的直接沟通，而且这变成了准则。因此，3M允许百花齐放，在3M，一个问题的多种方法可以共存并彼此竞争和交叉混合。3M同样给予人员决定如何做和做什么的不同寻常的自由和自主权。为保护该自由，3M实际上强制技术人员应能够将其15％的时间用于"私营"自己选择的项目，而不是完成正式指派的任务。现在无处不在的便利贴®就是在这些努力后产生的。而且，那些拒绝高级管理者要求放弃项目的指示、坚持实施项目直至成功的人是组织的英雄。就算是CEO也会讲述故事表扬那些在他尝试取消他们最爱的项目时直接违背自己的反叛者。

在公司层面上，3M设置了关于从新产品中获得的收益比例的目标。但对次级小组或者个人的绩效测量一般包括主管的评估或者已获得的关键成果，而非得出的财务数据。奖励很大程度上是非金钱性的，特别是个人自主权和职业认可，独立的科学和工程学方面的职业道路——技术人员可在不进入管理层的情况下继续进步。销售人员所承载的责任中与销售商品一样重的任务就是成为客户和实验室通信的纽带，他们的薪酬也会进行相应安排。

在更常规的业务方面，3M的格言是"做一点，卖一点"。3M并没有尝试施加为在大规模市场上竞争根据成本所需的那种纪律。相反，它追求的是缝隙市场，并在来自模仿者的竞争过于激烈时放弃这些市场。

3M和林肯电气都是比较极端的例子，如此的专业化是很少见的。原因很明显：探索型公司很容易受到运营更有效且会斩除产品原创者的快速模仿者的竞争的侵害，模仿者会在开发成本得以回收之前就窃取了市场。实际上，3M 在 20 世纪 90 年代就面临了越来越艰难的此类竞争，这导致其将录像和电脑磁盘业务分离成新的公司。整体上，3M 模式产生了大量想法，但对想法的选择并不严格，因此，长此以往，投入到不可能会变成产品的想法上的沉没资源大幅增加了成本。同时，以纯粹的开发者的形式长期存续下去不仅仅需要能够很好地执行战略，还要求战略必须可行。这意味着要求需求上不会有重大改变，且优秀的新技术不会削弱公司的竞争优势。后一种危险在过去十年里就威胁到了林肯电气，因为新的竞争者已引进能够使用更轻的新材料和新电子控制的焊接设备。竞争者同样还发生了改变，能够在比林肯电气能够担保的更短交付时间内为客户提供产品，因为林肯反对裁员的政策限制了它在繁忙时期雇太多人。因此，如果公司想要持续创新且实现盈利性增长，它们需要融合探索者和开发者的各项要素。

即使是在最简单的情况下，即公司成立后只创造、开发和销售一种产品并能够在需求枯竭时停业，在发展的时候公司也必须在探索和开发行为之间转换。公司在生命周期的早期应该以探索者的模式进行运营，但在即将进入全盛期时必须转化成为开发者。这本身就可能有问题。风险投资者坚持保持指派所投资各公司的 CEO 的权力，且经常使用该权力取代公司的创立者（Hellmann, 1998）。可推测他们这么做的部分原因是因为提出原经营理念并证明其价值所需的特征并不与那些将理念发展成为经营良好的业务或在业务建立后高效经营它所需的特征一样。从组织上讲，也可能有问题。在比较自由的探索早期吸引到公司的人员不一定适合有纪律、集中型的开发者环境。适合小型新企业的沟通模式和决策流程可能在公司发展的时候被更正式的等级式结构取代。一起合作创造新东西的文化必须被负责执行所指派任务的文化取代。所有这些都可能会产生中断。但是，当只有单一产品的公司进入开发阶段，它能够把重点放在一种经营模式上，直至它在产品周期结束时终止经营。如林肯电气和哈德逊湾公司的例子中所阐明的，这时间可能会很长，如林肯电气自 1895 年就一直在电弧焊接设备行业中，而哈德逊湾公司在创立三个世纪之后仍在收购皮毛和出售制成品。

为超越该发展前景完全与单一产品的市场相关联的模式，公司必须发展多种商业机会，且为了持续发展和存续，他们必须持续开发新的商业机会。因此，在任何时间，他们都必须在公司里进行各种组合活动：寻找新的机会、在所识别的机会间进行选择、建立新的业务、经营已有的业务、退出其他业务，所有这些都必须同时进行。特别地，公司必须同时进行探索和开发。这就将公司置于同时进行探索和开发的多重任务问题中。在探索和开发间达成恰当的平衡并进行维持非常困难。而且，你越擅长其中一项，将另一项也能完成好的难度也就越大。

多任务的首个难题是在第 4 章中详细讨论过的激励问题。困难在于，在不同任务的可用绩效测量的及时性和准确性都有很大不同时，引导员工在任务间恰当地分配时间、精力和注意力，在探索与开发的双任务问题中就是这样的情况。

如果两项任务彼此争夺员工的时间和注意力，那么向每项任务提供的激励必须强度相当，否则员工易于过于重视得到良好报酬的任务而未能向另一项任务提供足够的时间和精力。在极端情况下，员工会完全忽视未得到良好奖励的任务，因为这是在给定总努力水平情况下获得最大报酬的方法。但当两项任务的可用测量在其准确性或及时性上有很大不同时，对两项任务提供同等强度的激励会变得比较麻烦。

一般而言，一项活动的绩效测量越好，对该活动单独提供更强的激励并由此引发更好的努力水平的成本就越低。主要原因是，糟糕的测量意味着员工在其报酬中面临着大量的风险，使得其报酬不仅随其选择发生变化，还会因测量的随机性发生改变。该不确定性对于风险规避型的人而言成本很高，而且成本会在激励变得更强时提高，引起报酬中的不确定程度按比例增加。因为代理人必须因承担该风险以获得报酬，良好的测量一般能够导致较强的激励，而不良的测量则会导致较弱的激励。

当两项活动的测量质量有显著不同时，对不能进行良好测量的活动提供较强激励就会变得非常困难或者代价巨大，即使向另一项活动提供较强激励比较容易。因此，对两项活动都提供较强的平衡激励就比较麻烦。结果，如果同时需要两种活动，有必要对它们都提供相对较弱但平衡的激励。（的确，理论表明引发多重任务的最佳激励可能要比单独给予测量不佳的活动的激励还要弱。）激励较弱表明代理人不会向任何一项活动投入

第6章 为增长和创新进行组织

过多的努力，即使是对在单独情况下能够引发自身投入大量努力、能够很好测量的任务。

探索性活动一般难以以任何准确及时的方式进行测量。难以提前规定恰当的行为；员工努力程度和达到的结果之间的联系易于受到实际随机性的影响，且对该联系的理解可能很糟糕；结果的实际价值可能在很长时间内都不明确。另一方面，测量开发活动要容易得多。有时候，对任务非常了解以至于可以提前规定所需的行为并对其进行直接控制。在更一般的情况下，努力和结果之间的联系很可能要更明确且所受的干扰要少，绩效（经营和财务成果）的测量很容易获得。而且，适合于产生当前绩效的严格的、有纪律的心态很可能与在之前未探索过的领域生成新想法时一般带有的更开放的、实验性的理念相当不同。

结果，如果需要当前的绩效，那么可提供相当强的激励，由此能以合理的成本引发显著的努力水平。另一方面，如果只需要创新，那么也可引发创新，虽然使激励较强的成本比较高。但要从员工身上获取两种行为就成了问题。这在其中一种运营模式已成为主要的重点而公司现在想要获取两种行为的情况下尤其如此。

在过去十年，许多公司的重点在于成本控制且公司已为该活动提供适当的激励。假设其中一家公司决定要促进增长，为达到此目的，公司认为它需要引发更多的员工创新行为。然而，公司也不愿意放弃在成本控制方面享有的绩效，那该怎么办？

首先要注意，仅仅是在员工现有的薪酬体系中增加对创新的激励不太可能会产生任何效果。在尝试创新的激励与那些用于成本控制的激励强度相当之前，从理性上讲，员工会忽略创新，因为将想法和努力转移到创新上会降低其预计的报酬。这也可能会增加报酬的可变性且因此增加他们面临的风险。这可能有助于解释经常听到的主管们的抱怨：虽然他们非常急切地欢迎促进增长的想法，但员工看似缺乏想象力去想到任何东西。事实就是，对于所有的讨论，所提供的激励并不足以将注意力从实际得到报酬的活动转移到有风险且报酬低的活动中。

随着对创新的激励增加，在某点上它们足够强能够引发员工将部分注意力分配到该方向上。但因为两种活动会争夺时间，除非对于成本控制的激励同样增强，否则对于成本控制活动的努力和预计绩效就会下降。这是

— 153

多重任务有问题的第二个含义：引发一种活动将增加引发另一种活动的成本。而且，现在较强的激励与受干扰的、不完美的测量挂钩。这意味着员工的报酬会因所测量绩效的随机性而发生较大变化，且只与其自身的努力部分相关。该可变性对于风险规避型的员工而言成本很高。成本可以表示为员工所体验到的缺乏控制的不适感。他们的报酬变化很大，但并不是因为自身的努力水平！那么，所期望的总报酬必须提高（这对于公司是直接的成本），否则员工就可能辞职。

这些选择在组织中实际上都有采用。20世纪90年代的许多新企业使用优先认股权对探索性活动提供了非常强的激励。即使存在优先认股权可能无价值的可能性，但它们的预计收益，也就是提供给员工的总预计报酬，很可能要比员工能够在别的地方预计获得的报酬高（或者，至少在选择加入这些公司的员工看来是这样）。需要使用该较高的预计金钱价值来抵消员工面临的风险。当公司无法给予充足的回报以抵消它要求员工进行有风险项目时试图施加给员工的风险时，暗地里会采取裁员的"解决方案"。员工面临随失败而来的收入和职业前景方面的风险，但在成功时又基本没有获得收益。许多人都拒绝了这样的机会，要么辞职，或者更聪明地，将注意力转移到风险更低的活动中。不管在哪种情况下，公司实际上都无法获得它希望获得的创新。

这些因素有助于解释有些公司在尝试变得更有创新性时遇到的问题。例如，虽然在研发上有大量投资，但美国的消费品公司宝洁在整个20世纪90年代经常无法开发和成功推出真正新颖的、创新的产品。在后面五年，宝洁决定重组公司以加速新产品的开发和推出。但在该过程中，它的成本管理失控，营业收入并未像之前那样快速增长（更不用说像它希望的那样快了），收益下降，股价暴跌。所有这些都导致宝洁在2000年6月调离了上任未满两年的CEO。

在探索者试图努力获得更高的运营效率时，相关问题就产生了。这么做的自然方法就是尝试变得更集中一点并引进纪律，以及尝试消除一些空闲资源。例如，管理层可开始测量经营绩效并讨论控制成本的必要性。这些举措可能基本没用，因为激励未进行平衡。这显然很不幸，但更严重的是可能会发生测量发挥作用但在过程中损害了创新的情况。

在对探索提供相当强的激励的组织中（如新创立企业中通过优先认股

权），对当前绩效引进有限的激励可能基本没有用，因为主要的奖励仍是针对创新活动的。而且，那些在公司提供此类奖励时被吸引到公司的人员很可能并不喜欢被认为是苦差事的开发这一任务。毕竟，他们加入公司是为了从事比较酷的事情并冒险尝试获取大奖，对枯燥的成本控制要求作出应对并非他们想做的事情。

在更稳定长久的探索型公司中，如 3M，情况则不同，激励可能已被减弱。人们很可能主要是受到工作中的自豪感以及工作的内在乐趣的激励，并重视所享有的自由。提高效益的自然方法，如更严格的控制、更有纪律的资源分配和与成果挂钩的更为明确的奖励，很可能会有较大影响。特殊情况下，它们可彻底转移注意力。实际上，在实际探索活动中常见的失败现在对于参与其中的人而言代价非常大。这可能会大幅减少冒险行为并严重缩减创新行为。此外，吸引当前人员到公司的因素与现在提供给这些人员的奖励之间的不匹配很可能与在新创立公司中一样严重。

3M 的最后几任 CEO 已力图在不损害公司这一创新引擎的同时提高效益。因此，在制定对研究项目更严格的评审程序并加快放弃无前景的项目的同时，他们还大幅增加了研究预算。但是，他们经历了艰难的协调工作，已有人建议说这对创新的影响是消极的。

多任务情况下的工作设计

对多任务问题的一个比较明确的解决方案就是把工作分开来，部分员工进行探索，部分进行开发。那么，每种任务都有简单的计划，不用面对任务间的冲突。但这也有缺点，因为有时可能是一个人或一个小组同时进行两项活动比较有益。例如，成功创新的可能性可能取决于对进入该领域能够在最大程度上获得的当前技术或市场的了解。

当经营单位力图追求多个目标并在给单位内的不同小组各指派一项任务时，还会产生其他的激励问题。这些问题与在小组内的内部竞争以及影响活动相关。如果那些曾把重点放在当前绩效的单位也把增长和创新列入计划，问题可能会特别严重。

如果期望单个单位既追求当前产品和服务的绩效，又开发新的产品和服务，被指派了各项任务的团队很可能就要争夺资源。资金可用于开发新产品或者制造和营销当前的产品。有才能的人员可指派到一个小组或者另一个。单位领导的关注可在支持增长型团队或者绩效型团队之间进行分配。下一次晋升可能归于一个团队的成员或是另一个团队的成员。即使是在最好的情况下，内部竞争的成本也很可能比较高且造成分裂。每一方都会想要突出自身的优点，并抹黑另一方。每一方都可能会更注重内部竞争而非外部竞争和客户。如果一个团队通过努力处理当前事务而获得的资源被用于另一个团队最喜欢的开发项目，那就会产生妒忌和不满。当正在开发的产品本身会与当前提供的产品竞争时，竞争就真的会变得激烈和具有破坏性。结果，每一项任务都未给予充分的关注，并导致了严重的士气问题。

此外，实际上并不可能通过将探索任务指派给一个小组并把开发任务指派给另一个小组来消除多任务的问题。如果公司要同时进行探索和开发，必须有人进行多重任务。

至少，负责激励成员进行不同任务的组织内单位领导必须面对多个目标。因此，即使小组中的每个人员都只被指派了一项任务，但如果要引发领导激励单位员工同时进行恰当数量的两种任务，他也必须面对平衡的激励。

如果能够设计单位领导的薪酬使之完全取决于该单位在某一时间内产生的所有收益，那么，从引发多任务的角度，这与领导为自己进行决策等同。那么，激励经理进行多重任务几乎就没有问题（虽然在激励其领导的人员时可能有问题）。但实际上，经营单位的经理们很少面临这样的激励。他们的薪酬一般与公司的整体绩效、单位的财务收益，很可能还有一些主观的测量或者各种关键点的通过与否挂钩。将结果与公司绩效挂钩，即使是用股价进行测量，这也会淹没单个单位所产生的任何成果对奖励的影响并产生搭便车问题。财务测量是对所创造价值的糟糕的代表物，更不要说是对已用的努力和想象力，在追求创新的背景下尤其如此。实际上，当前的财务利润很可能会受到创新研究的不良影响。相比财务数据，主观的测量和项目关键点可对创新产生更有效的激励，但利用它们来提供很强的激励显然有问题。将大量奖励与主观评估相联系就等同于在鼓励政治活动，且其管理很容易变得反复无常、有失偏颇和不公平。由此可知，激励单位经理执行绩效和增长的平衡计划很难。

另一方面，管理高层可能会得到恰当的激励在探索和开发二者之间做

第6章 为增长和创新进行组织

出正确选择。至少在美国，他们的薪酬中一般有较大比例是与公司股价相联系的。在股价能够识别公司的短期和长期前景的情况下，主管们的确具有较强的平衡激励。因此，看起来解决多任务问题的一个简单方案就是只让高管们同时负责探索和开发。之后，单个的经营单位和部门能够把重点放在绩效或者增长的简单计划上。

一般而言，这可能会涉及创建不同的单位以实施在当前业务正常范围之外的项目。[3]现有单位的重点在于开发当前的机会，而新的单位探索新产品并将其创建为业务。创建独立的探索型单位同样有利于与新业务相适应的流程和测量方法的应用，且有助于确保它得到所需的管理层关注。但是，这并没有消除在任务为实现当前业务绩效的人员以及致力于创建新业务的人员之间的冲突。相反，战场是转移到了公司层面，所导致的影响成本甚至可能更大。

为保护新的业务不受到当前业务的"石碳酸灌木"效应影响，有些公司尝试通过"臭鼬工作室"模式将它们彻底分开。"臭鼬工作室"最初是指在美国洛克希德马丁公司进行最高机密的国防项目的团队。为保持机密，团队与组织的其他部分隔离。自此该模式经调整后被广泛采用。IBM使用远离公司其他工厂的新的专门单位开发其首台个人电脑，且该单位的存在与任务是对公司其他部分保密的。其理念就是要保护项目不受当时为IBM核心的大型计算机业务的主导文化的影响。类似地，通用汽车创建了土星部门，使其成为生产"新型汽车"的"新型汽车公司"。为保护该部门并使其能够形成新的工作方式和联系供应商及员工的方式，土星部远离通用汽车位于底特律的本部。臭鼬工作室模式的问题在于新单位能否成功融合到公司中。IBM获得了成功，但通用汽车的土星部的融合非常艰难。新的部门仍会面对抵制以及可能的妒忌，且在其与公司其他部分的组织形式不同的情况下，会存在复杂性且有可能会产生影响成本。

此外，将多任务的责任传递到公司高层还有一些别的问题。最明显的是，管理高层可能因距离过远而无法获得分配决策所基于的第一手资料，虽然在大型公司里，在最好的情况下可获得第一手的资料，且当决策涉及各种不同类型的探索活动的收益等问题时，更有可能如此。于是，决策必然是基于二手的资料以及预感和直觉。这明显可能会导致不那么理想的决策。而且，管理者用于决策的信息可能是不对称的。探索型团队要对其获得资源的成本和收益进行定量分析非常困难，而开发型小组则能够很好地记录自身的情况。这可能会导致倾向于明确绩效导向的业务在决策时出现偏差。

为抵消这一效应，主管们可尝试采取针对探索活动的偏好，但这同样会引起问题。当项目初期获得 CEO 的支持时，它易于获得客观上其并不应获得的资源。例如，英特尔花费数亿美元在摄像头产品上以使使用个人电脑的视频会议成为可能（Burgelman，2002）。安迪·葛洛夫（Andy Grove）对产品的信任使得资源不断流向该产品，虽然已有迹象表明这在市场上可能会失败（实际上该产品的确失败了）。类似地，苹果公司的牛顿个人数字助理（PDA）是 CEO 约翰·斯卡利（John Sculley）最喜欢的项目。虽然产品的创意很好（如之后的掌上机所表现出的），但若不是 CEO 极力促成该产品，本可以预见牛顿的失败，且能够节省大量的资源。即使没有这些问题，管理高层的时间也有限，可能会导致决策的延迟、负担过重以及因难以考虑所有问题导致的挫败。

与多任务问题无关的一种解决方案就是尝试彻底改变所涉及的权衡，主要是通过改变员工和组织设计的文化因素。该想法是要试图使公司及其员工的利益更为一致，由此减轻或者消除多任务问题中根本的代理人和激励问题（Day et al.，2002）。用于描述该方法的通用词汇就是"高承诺"人力资源管理。如在第 4 章所指出的，只有在非常弱的明确绩效奖励可能的情况下，承担采用高承诺人力资源管理的成本才是特别合意的，因此这可能会导致在比较弱的明确激励情况下引发更高的努力水平（以及其在任务间的更好分配）。该系统的标志就是信任、透明、授权、平等主义、工作内容丰富、团队合作、不存在显性的个人监控和绩效薪酬，以及员工能辨别其个人和公司的利益并真心接受公司的愿景。

诺基亚公司已使用许多这样的组织手段，并成功在公司中同时获得创新和高效益。1992 年，诺基亚是芬兰一家失败的混合联营企业，其产品范围包括橡胶靴、木浆以及电视机。苏联的解体使得芬兰经济严重萧条，欧洲的其余国家正经历着严重的衰退，公司和其主要股东芬兰银行都处于严重的金融危机中。在该危机中，诺基亚向爱立信公司出售它较小的移动电话业务，但这家瑞典的公司并不感兴趣。到 2000 年，诺基亚拥有欧洲最高的市值，且位列全球最有价值的品牌第五位。它完全把重点放在电信业务上，明显已成为全球移动电话销售方面的领头羊以及辅助网络设备供

第6章 为增长和创新进行组织

应方面的强大竞争者。它在手机方面的利润率估计超过20%，而其主要对手爱立信和摩托罗拉的利润率最好时也只是较小的个位数。诺基亚通过一直引领行业中新模式（具有更好的技术、特征和设计）的开发，同时维持满足消费者对其产品的爆炸性需求所必须的对经营的严格控制而实现此次转型。即使在电信行业泡沫破灭后，许多电信设备行业的公司陷入严重困境，诺基亚仍快速发展。

1992年，诺基亚选择将其所有的资源和注意力都集中到电信行业中，在之后数年，它退出了其他所有的业务，包括那些规模庞大、绩效良好的业务。随着政策放松以及私有化打开了欧洲的电信服务市场，诺基亚与正在挑战已有的国家服务供应垄断者的新进入者达成联盟。诺基亚注重最终用户，它所开发形成的手机新特征能够给予客户与众不同的使用体验，这些特征都是已有的服务供应商难以快速赶上的。该创新模式的形成是因为诺基亚很早就认识到手机是消费品。这一认知同样使诺基亚关注旨在同时实现吸引人的外观和使用便利性的设计以及品牌化。同时，诺基亚很快认识到可开发能够供应大量型号并同时节省产品开发、采购和制造成本的共用平台的可能性。

1992—1995年，诺基亚的销售额每年增长超过两倍。如此高速的增长呈现出巨大的经营挑战。1995年，物流方面的问题使得新产品难以满足需求，同时老的产品又卖不出去，导致公司的股票市场价值跌去了一半。诺基亚从这一新的危机中复原，它引进了新的信息和决策支持系统以及更强的运营控制，这使得其能够在1996—1999年期间将销售收入翻了三倍并同时保持了创新的速度。

诺基亚所采用的组织设计对其成功至关重要。在早期，公司所有的员工都因希望能够拯救公司而受到激励，之后则是因为想把公司建为对自身和国家都独一无二的愿望。他们一起获得的各种成功是真实的个人骄傲的来源。领导们首次提出的前景——声音可无线传播——是士气高昂的另一原因，之后又是所宣称的要取代摩托罗拉成为行业领先者的打算。成为快速发展的国际成功公司的兴奋与乐趣进一步增强了员工对公司的认同。

组织设计的其他方面支持了其提供的认同感和动机。结构保持流动，项目团队可简单地形成和解散，由此所有员工都有机会致力于有趣的事情并在公司中构建人际网络。增长意味着存在大量潜在的机会进行学习并承担新的责任。公司通过在内部公开空缺职位并禁止希望转换职位的员工的老板们阻碍调职。公司的领导们开放、可亲近，与其他员工一起在同一个食堂吃饭。他们很明显是以团队在运作并在整个组织中树立团队合作的榜样。采用的模式是"基于价值观的领导"，而非通过严格的流程进行控制，客户满意度、尊重个人、成就和持续学习的价值观一直都是行事的指导原则。

整个组织的薪酬差异被缩小。年终奖较少，一般按团队以及公司整体绩效而非个人绩效进行发放。在提供这些激励作用较弱的显性激励的同时，树立能够确定期望目标和有助于制定努力工作和绩效完成的准则的延展性目标。同时，也鼓励创新和实验。超过三分之一的员工在研发岗位上，但在组织的其他岗位上，如果有想法，很少会有人阻止该想法的实验。此外，并不会惩罚诚实的失败，例如，1995年的物流危机中并没有人被解雇，而且，领导们力图消除组织中存在的担忧，由此员工们愿意承担风险。有力地阻止公司政治和影响活动，并形成开放的、诚实沟通的和辩论的准则。诺基亚的员工感到自己可以信任他人以及老板，这也同样使得风险承担更容易。

在1998年和1999年，诺基亚对创新甚至投入更多，宣布它打算引导能够使所有人的手机联上因特网的"移动信息社会"的开发。诺基亚之前的创新是在外部已有管理电信语音通信的标准的背景下进行的。相比较而言，没有准官方机构会设置移动网络的标准。此外，虽然90年代移动电话主要是针对语音通信，但数据以及多媒体将驱动下一代的移动通信。构建更好的语音通信手机的要素相当明确：更小、更好的音质以及更长的电池寿命。数据通信包括开发能够通过电话实现的更多可能的服务，如与全球定位卫星系统相联系的位置定位信息提供、互动游戏和移动商务。此外，除手机之外，无线通讯的新技术层出不穷。因此，公司新的创新努力可能且必须比之前的范围更广并更开放。

为处理这一进行更多探索的需求，诺基亚在1998年建立了独立的单位——诺基亚风险投资组织。其职责范围是发展涉及结合新技术和新市场的业务。很明显，现有的供应手机（诺基亚移动电话部——NMP）和网络设备的两大核心业务经营单位失去了将现有技术拓展到新市场或者力图用新技术服务现有市场的发展机遇。同时，对自1992年开始就一起领导公司的小组间的职责进行了重新分配。主席约玛·奥利拉（Jorma Ollila）成为主席并仍担任 CEO。诺基亚移动电话部的领导彭培佳（Pekka Ala‐Pietilä）被提名取代奥利拉成为公司的主席，而后被指派担任毫无经验的诺基亚风险投资组织以及公司中心研究实验室的领导。因此，职位第二高的主管负责驱动探索和增长。同时，网络运营部的领导调职到诺基亚手机部。

诺基亚风险投资组织包括内部的风险投资单位和本部位于硅谷的公司风险资本基金。诺基亚风险投资组织的作用是担当新业务的孵化器。如果新业务成功，将回到核心业务单位中，自行成为新的独立经营小组，或者通过出售或脱离成为独立公司。不会有业务永远呆在诺基亚风险投资组织里。这是为了限制内部抵制和妒忌——许多公司在设立探索型单位时经历过的。新企业的创意可在公司任何地方产生。它们是否转移进入诺基亚风险投资组织或者留在某一项有自己的内部风险投资单位的核心业务内，由创意是否同时涉及新技术和新市场这一原则确定。工程师团队定期在运营部、诺基亚风险投资组织和实验室之间调职，这就可避免狭隘的利益观。诺基亚风险投资组织的管理由包括各运营部的领导在内的小组进行。这进一步帮助确保了诺基亚风险投资组织能够与主要业务相联系，不被孤立在公司中心之外。

2000 年电信行业泡沫的破灭减缓了电话服务运营商采用新技术的速度，这对许多设备供应商而言是灾难性的。但诺基亚仍繁荣昌盛。通过自行开发或者企业联合，将净销售额的 10% 以上用于研发，诺基亚已开发出了一系列新的产品和软件平台。同时，诺基亚手机的市场份额已增长至近 40%，并维持了很高的利润率，而其竞争者正在亏损。

奥利拉将诺基亚的成功归于公司在探索和开发之间进行平衡的能力："我们为什么能成为一家成功的公司？如果你想要一个简单的答案，那就是在创新和执行之间获得恰当的平衡。"[4]

奥利拉的答案很简单，但实际上获得该平衡非常困难。关键在于良好的组织设计。

注释

[1] 例如，参见 Saloner, Shepard and Podolny(2001:271-284)。
[2] 对这一领域的文献的讨论，参见 Grinblatt and Titman(2002:707-708)。

[3] 对这种架构性的解决方法的讨论,参见 Day et al.(2001);对于组织新的业务发展计划时可以采用的模型的宽泛分析,参见 Burgelman(1984)。
[4] 被 Doornik and Roberts(2002)所引用。

第7章　创建现代企业：对管理和领导的挑战

本书提供了一套框架、概念和工具以帮助解决设计高效组织的难题。本书还提供了大量已形成能够使其完成超常绩效和增长的战略和组织设计的公司的实例。然而，事实上，仍很难形成成功的战略和有效的组织。这从根本上讲是同时需要对问题的分析式解决（管理的主要特征）以及远见、沟通和说服（领导的关键要素）的创新行动。[1]

为获得成功，公司战略和组织的因素必须彼此一致并符合公司的经营环境。这需要调整和磨合，以及战略和组织设计各因素间的相互依赖，意味着战略和组织真的必须以协调整体的方式来形成。

结构对战略的遵循已不再如战略遵循结构

这样严格。该同时性暗示着，创建一个能够让公司获得成功的战略和组织这一问题非常复杂，因为其涉及非常多的相互作用的方面。

大部分相互作用是动态变化的。特别是对于大型公司，战略的变化会轻易地影响行业并引发对战略和组织进行更多变更的需求。这在内部也是如此：旨在引发行为的某一特定改变的组织一方面的变化会改变行为的其他方面，使得必须在设计的其他方面做出更多的改变。因此，解决在组织演变过程中的问题的通常方法——寻找一种其直接效果就是解决问题的干预机制，将所有其他事情看作既定不变的因素，并实施措施——从根本上就是有缺陷的。这仅仅是启动了潜在的一系列无止境的反应、干预、更多未预料到的反应，以及另一次干预。

相反，战略和组织选择的决定必须考虑整体，认识到相互依赖性。公司的范围，其要做的事情、地点、方式以及服务的对象，都必须进行确定。必须确定自身如何从竞争中脱颖而出、获得竞争优势以及创造价值。必须吸引、雇用合适的人员并将其指派到不同的职位。必须构建正式的结构以能够有效地协调和激励这些人员。必须制定能够引导和控制行为的流程、程序和惯例。必须建立、传达以及普及将在整个公司共享的基本价值观、信念和准则。而且，所有这些都必须相互衔接，由此组织才能真正执行战略。

人员、人员间的关系网络以及他们所遵循的惯例必须使公司具备创造价值所需的能力。激励机制必须激励被吸引到公司的特定人员提供完成战略并使公司实现目标所需的恰当组合的行为。正式的结构和决策权的分配应与专业技能所在的职位以及组织中能够激励人员的因素相统一。最后，战略和组织的所有因素应与公司所面临的竞争、技术、社会、法律以及法规实际情况相匹配。

之后，随着世界以及组织自身发生改变，必须通过调整甚至是彻底地改变战略和组织设计以保持匹配度。

对存在于设计变量间的互补以及替代关系的认识有助于提示潜在相关模式的大致轮廓，因此可降低设计问题的复杂性。但这仍非常困难。整个公司的员工都必须包括在内，这是因为，不管在多大的公司内，关于事情到底如何进行、客户到底如何行事以及选择到底如何相互作用的信息都是高度分散的。整个公司的经理们必须参与设计任务，在合作以确保整体结

第7章 创建现代企业：对管理和领导的挑战

果一致的同时完善他们最了解的战略和组织的各部分的细节。

那么，解决组织设计问题从根本上是同时需要管理和领导的。大部分实际设计工作就是管理，包括将预算流程集合在一起、规定上下级关系、确定外包内容、设立管理程序、创立部门并安排相应员工、确定融资模式。这至关重要，但仍不够，还需要领导。领导们提供指导，而后激励他人相信和遵循。因此，战略和组织设计的基本理念就是领导问题。领导们必须提供战略和组织前景，说明根本的原则以及解决基本权衡问题的方式。他们还应明确、强制地传达模式，由此使其他人能够理解和接受模式并受到激励，从而在设计自己所在部分的组织时实现这一模式。

在解决设计问题时，还有第二个方面涉及领导。虽然整个公司的管理者能够制定和构建设计的正式方面，但他们无法直接控制关系网络和文化。组织中的人员，不管是个人还是集体，确定了他们将相信的事情、重视的事情、采取的行为准则以及他们在非正式情况下联系的人员。然而，这些特征在确定行为以及公司绩效，以及由此确定公司的表现时可能是最重要的因素。领导可影响这些选择。

设计的正式因素可影响人际网络以及文化，因此管理者可对其进行一些间接的控制。例如，英国石油公司建立同侪小组能够帮助建立人际网络，该人际网络非常重要，即使当原来的成员调职到新岗位、不在原来的同侪小组后也是如此。诺基亚在1995年的物流危机之后未选择解雇任何人，有助于打消组织内员工的担忧，这有力地提高了人们承担风险的意愿。但是，在成功地形成某一种文化的过程中，领导必须发挥关键作用。

明确说明公司价值观很简单，但这本身并不十分有效。对价值观的大部分陈述过于模糊和抽象，因此影响不大。所有组织都说他们关注自己的客户，但就行为而言，其具体含义是什么？领导必须给出价值观的具体含义，这可成为制定所期望的行为准则的基础。

领导本人应做到的首要一点就是依照价值观行事，并为所期望的行为做出榜样。定期亲自处理部分客户投诉的CEO就以非常有说服力的方式说明了客户的关注有多么重要。领导还应表扬和奖励行事恰当的人员并更正行为不当的员工。

在沟通公司想要的东西并由此调整公司内正在进行的事情时，故事可成为非常强大的工具。例如，3M的CEO讲述了那些对他发出的放弃项目的命令视而不见、并将项目完成从而获得成功产品的科学家的故事，这就可以通过非常明确地表明什么才是重要的来塑造文化。更为强大的是诺德斯特姆公司（以其客户服务闻名的美国零售商）向每位员工讲述的故事。拿着磨损非常严重的轮胎链的客户走向职员并抱怨说链子并不令人满意。虽然客户没有收据，但职员没有问任何问题就立即返还了客户所说的购买价钱。而实际上诺德斯特姆公司从未销售过轮胎链或者任何其他类型的汽车用品！

因此，组织设计同时包括管理和领导。此外，这根本上还是一个创造过程。为获得成功，公司必须创造价值并保存部分价值。这只有在公司的战略和组织一起使得公司能够在竞争中胜出、更高效并以更低成本提供符合目标客户需求的产品或服务时才可能实现。以与竞争者一样的方式做相同的事的公司无法做到比对手更好，随之而来的白刃战肯定会使其几乎无法保留所创造的任何价值。

这意味着，本质上，成功的公司的战略和组织必须存在与众不同的东西。为此，解决战略和组织设计的问题就是真实的创造性行为。这涉及寻找能够发挥作用的全新且不同的东西。

很明显，大部分创造可以是用新异的方式将现有的东西组合起来。并不是战略和组织的所有组成部分都必须是绝对新颖和独一无二的，要向经验借鉴的东西很多。但是如果目标是做到与众不同，那么追逐表面上的最佳操作基本上是徒劳无功的。这至多使公司和竞争者一样好，但并不足以赢得竞争。而且，更有可能的结果是导致畸形，也就是变成各种并没能组合形成连贯设计的各种不匹配的组织特征的拼接物。这是失败的来源之一。

创造包括原创、想出新的东西、看到新的模式和联系。然而，虽然原创性很重要，但这并不够，因为关键并不在于想出新的东西，而是在于起作用的不同东西。为此，应了解主导组织设计的根本逻辑。本书中提供的理念和实例旨在成为提供该理解的起点。

注释

[1] 关于管理和领导之间的这种区别，参见 Kotter(1990)。

参考文献[*]

Abreu, D., Pearce, D., and Stacchetti, E. (1990). "Towards a Theory of Discounted Repeated Games with Imperfect Monitoring." *Econometrica*, 58: 1041-63.

Aghion, P., and Tirole, J. (1997). "Formal and Real Authority in Organizations." *Journal of Political Economy*, 105: 1-29.

Akerlof, G. A. (1970). "The Market for Lemons: Quality Uncertainty and the Market Mechanism." *Quarterly Journal of Economics*, 89: 488-500.

Alchian, A., and Demsetz, H. (1972).

---

[*] 顾晓波、冯丽君、胡安荣、曾景、王晓、孙晖、程诗、付欢、王小芽、马慕禹、张伟、李军、王建昌、王晓东、李一凡、刘燕平、刘蕊、范阳阳、秦升、程悦、徐秋慧、钟红英、赵文荣、李朝气、马二排、罗宇、刘兴坤核对了书中的参考文献，在此表示感谢。

"Production, Information Costs, and Economic Organization." *American Economic Review*, 62: 777-95.

Anderson, E. (1985). "The Salesperson as Outside Agent or Employee: A Transactions Cost Analysis." *Marketing Science*, 4: 234-54.

——, and Schmittlein, D. C. (1984). "Integration of the Sales Force: An Empirical Examination." *The RAND Journal of Economics*, 15: 385-95.

Arrow, K. (1974). *The Limits of Organization*. New York: W. W. Norton & Company.

Asanuma, B. (1989). "Manufacturer-Supplier Relationships in Japan and the Concept of Relation-Specific Skill." *Journal of the Japanese and International Economies*, 3: 1-30.

Asanuma, B., and Kikutani, T. (1992). "Risk Absorption in Japanese Subcontracting: A Microeconometric Study on the Automobile Industry." *Journal of the Japanese and International Economies*, 6: 1-29.

Athey, S., and Roberts, J. (2001). "Organizational Design: Decision Rights and Incentive Contracts." *American Economic Review: Papers and Proceedings*, 91: 200-5.

Avery, C., Chevalier, J. A., and Schaefer, S. (1998). "Why Do Managers Undertake Acquisitions?: an Analysis of Internal and External Rewards to Acquisitiveness." *Journal of Law, Economics, and Organization*, 14: 24-43.

——, Roberts, J., and Zemsky, P. (1993). "Sony Corporation Enters the Entertainment Business." Stanford, CA: Stanford University Graduate School of Business, case S-BP-265.

Baker, G. (2000). "The Use of Performance Measures in Incentive Contracting." *American Economic Review: Papers and Proceedings*, 90: 415-20.

——, Gibbons, R., and Murphy, K. (1994). "Subjective Performance Measures in Optimal Incentive Contracts." *Quarterly Journal of Economics*, 109: 1125-56.

―― ―― ―― (2001). "Relational Contracts and the Theory of the Firm." *Quarterly Journal of Economics*, 117: 39 – 83.

Baron, J., and Kreps, D. M. (1999). *Strategic Human Resources: Frameworks for General Managers*. New York: John Wiley & Sons.

――, Burton, D., and Hannan, M. T. (1996). "The Road Taken: Origins and Early Evolution of Employment Systems in Emerging Companies." *Industrial and Corporate Change*, 5: 239 – 76.

Barnett, W., and Reddy, P. (1995). "Newell Company (A)." Stanford, CA: Stanford University Graduate School of Business, case S‐SM‐16A.

Bartlett, C. A. (1993). "ABB's Relays Business: Building and Managing a Global Matrix." Boston: Harvard University Graduate School of Business Administration, case 9 – 394 – 016.

――, and Mohammed, A. (1995). "3M: Profile of an Innovating Company." Boston: Harvard University Graduate School of Business Administration, case 9 – 395 – 016.

――, and O'Connell, J. (1998). "Lincoln Electric: Venturing Abroad." Boston: Harvard University Graduate School of Business Administration, case 3 – 398 – 095.

Berg, N. A., and Fast, N. D. (1975). "Lincoln Electric Co.." Boston: Harvard University Graduate School of Business Administration, case 9 ‐376 – 028.

Berger, P., and Ofek, E. (1995). "Diversification's Impact on Firm Value." *Journal of Financial Economics*, 37: 39 – 65.

―― ―― (1996). "Bustup Takeovers of Value-Destroying Diversified Firms." *Journal of Finance*, 51:1175 – 200.

Berzins, A., Podolny, J., and Roberts, J. (1998a). "British Petroleum (A): Performance and Growth." Stanford, CA: Stanford University Graduate School of Business, case S – IB – 16A.

―― ―― ―― (1998b). "British Petroleum (B): Focus on Learning." Stanford, CA: Stanford University Graduate School of Business, case S – IB‐ 16B.

Brady, D., and de Verdier, A.-K. (1998). "Nike: A History." Stanford, CA: Stanford University Graduate School of Business, case S-IB-14A.

Bresnahan, T., Brynjolfsson, E., and Hitt, L. M. (2002). "Information Technology, Workplace Organization and the Demand for Skilled Labor: Firm-level Evidence." *Quarterly Journal of Economics*, 117: 339-76.

Brynjolfsson, E., and Hitt, L. M. (2000). "Beyond Computation: Information Technology, Organizational Transformation and Business Performance." *Journal of Economic Perspectives*, 14/4: 23-48.

Burgelman, R. (1984). "Designs for Corporate Entrepreneurship in Established Firms." *California Management Review*, 26: 154-66.

—— (2002). *Strategy is Destiny: How Strategy-Making Shapes a Company's Future*. New York: Free Press.

Burt, T. (2002). "Auditors Drive a Hard Bargain at Ford." *Financial Times*, January 14, U. S. edition, 14.

Campa, H., and Kedia, S. (2002). "Explaining the Diversification Discount." *Journal of Finance*, 57:1731-62.

Chandler, A., Jr. (1962). *Strategy and Structure*. Cambridge, MA: MIT Press.

—— (1977). *The Visible Hand: The Managerial Revolution in American Business*. Cambridge, MA: Belknap Press.

Chevalier, J. (2002). "Why do Firms Undertake Diversifying Mergers? An Examination of the Investment Policies of Merging Firms." Chicago: University of Chicago Graduate School of Business, working paper.

Coase, R. (1937). "The Nature of the Firm." *Economica*, 4: 386-405.

—— (1960). "The Problem of Social Cost." *Journal of Law and Economics*, 3: 1-44.

Comment, R., and Jarrell, G. (1995). "Corporate Focus and Stock Returns." *Journal of Financial Economics*, 37: 67-87.

Day, J., Mang, P., Richter, A., and Roberts, J. (2001). "The Innovative Organization: Why New Ventures Need More than a Room of their

Own." *The McKinsey Quarterly*, (Second Quarter): 20 – 31.

────── ────── ────── ────── (2002). "Has Performance Pay Had its Day?" *The McKinsey Quarterly* (Fourth Quarter): 46 – 55.

Doornik, K. (2001). "Relational Contracting in Partnerships." Stanford, CA: Stanford University Graduate School of Business, working paper.

────── (2002). "Incentive Contracts with Dispute Costs." Stanford, CA: Stanford University Graduate School of Business, working paper.

────── (2003). "Dispute Costs and Reputation." Oxford: Oxford University Saïd School of Business, working paper.

Doornik, K., and Roberts, J. (2001). "Nokia Corporation: Innovation and Efficiency in a High-Growth Global Firm." Stanford, CA: Stanford University Graduate School of Business, case S – IB – 23.

Gibbons, R., (1997). "Incentives and Careers in Organizations." In D. Kreps and K. Wallis (eds.), *Advances in Economic Theory and Econometrics*, vol. II. Cambridge: Cambridge University Press, 1 – 37.

──────, and Murphy, K. (1990). "Relative Performance Evaluation for Chief Executive Officers." *Industrial and Labor Relations Review*, 43: 30S – 51S.

────── ────── (1992). "Optimal Incentive Contracts in the Presence of Career Concerns: Theory and Evidence." *Journal of Political Economics*, 100: 468 – 505.

Gibbons, R., and Waldman, M. (1999). "Careers in Organizations: Theory and Evidence." In O. Ashenfelter and D. Card (eds.), *Handbook of Labor Economics*, vol. 3B. Amsterdam: Elsevier, 2373 – 437.

Gomes-Casseres, B., and McQuade, K. (1991). "Xerox and Fuji Xerox." Boston: Harvard University Graduate School of Business Administration, case 9 – 391 – 156.

Grinblatt, M., and Titman, S. (2002). *Financial Markets and Corporate Strategy*. Boston: McGraw-Hill Irwin.

Grossman, S. J., and Hart, O. (1986). "Costs and Benefits of Ownership: A Theory of Vertical and Lateral Integration." *Journal of Political Economy, 94:691-719.

Hart, O. (1995). *Firms, Contracts, and Financial Structure*. Oxford: Clarendon Press.

Hart, O., and Holmström, B. (1987). "The Theory of Contracts." In T. Bewley (ed.), *Advances in Economic Theory: Fifth World Congress*. Cambridge: Cambridge University Press, 71-155.

——, and Moore, J. (1990). "Property Rights and the Nature of the Firm." *Journal of Political Economy*, 98:1119-58.

Hellmann, T. (1998). "The Allocation of Control Rights in Venture Capital Contracts." *RAND Journal of Economics*, 29: 57-76.

Helper, S., MacDuffie, J. P., and Sabel, C. (1998). "The Boundaries of the Firm as a Design Problem." Proceedings, Conference on Make versus Buy: Emerging Structures. New York: Columbia University School of Law Sloan Project in Corporate Governance.

Holmström, B. (1979). "Moral Hazard and Observability." *Bell Journal of Economics*, 10: 74-91.

—— (1982a). "Managerial Incentive Problems—A Dynamic Perspective." In *Essays in Economics and Management in Honor of Lars Wahlbeck*. Helsinki: Swedish School of Economics. Reprinted in *Review of Economic Studies*, 66 (1999): 169-82.

—— (1982b). "Moral Hazard in Teams." *Bell Journal of Economics*, 13: 324-40.

—— (1999). "The Firm as a Subeconomy." *Journal of Law, Economics, and Organization*, 15: 74-102.

——, and Milgrom, P. (1991). "Multitask Principal-Agent Analyses: Incentive Contracts, Asset Ownership and Job Design." *Journal of Law, Economics, and Organization*, 7: 24-52.

——, and Roberts, J. (1998). "The Boundaries of the Firm Revisited." *Journal of Economic Perspectwes*, 12: 73-94.

Horngren, C. T. (1999). *Cost Accounting: A Managerial Emphasis*, 5th edn. Englewood Cliffs, NJ: Prentice Hall.

Ichniowski, C., Shaw, K., and Prennushi, G. (1997). "The Effects of Human Resource Management Practices on Productivity: A Study of Steel Finishing Lines." *American Economic Review*, 87: 291-313.

Jaikumar, R. (1986). "Postindustrial Manufacturing." *Harvard Business Review*, 64: 61-8.

Jensen, M., and Meckling, W. (1976). "Theory of the Firm: Managerial Behavior, Agency Costs and Ownership Structure." *Journal of Financial Economics*, 3: 305-60.

Joskow, P. L. (1985). "Vertical Integration and Long Term Contracts: The Case of Coal Burning Electric Generating Plants." *Journal of Law, Economics, and Organization*, 1: 33-80.

—— (1987). "Contract Duration and Relationship Specific Investments: Empirical Evidence from Coal Markets." *American Economic Review*, 77: 168-85.

—— (1988). "Asset Specificity and the Structure of Vertical Relationships: Empirical Evidence." *Journal of Law, Economics, and Organization*, 4: 95-117.

Kamper, A., Podolny, J., and Roberts, J. (2000). "Novo Nordisk: Global Coordination." Stanford, CA: Stanford University Graduate School of Business, case S-IB-20A.

Kawasaki, T., and McMillan, J. (1987). "The Design of Contracts: Evidence from Japanese Subcontracting." *Journal of the Japanese and International Economies*, 1: 327-49.

Kennan, J., and Wilson, R. (1993). "Bargaining with Private Information." *Journal of Economic Literature*, 31: 45-104.

Klein, B., Crawford, R., and Alchian, A. A. (1978). "Vertical Integration, Appropriable Rents, and the Competitive Contracting Process." *Journal of Law and Economics*, 21: 297-326.

Kotter, J. (1990). "What Leaders Really Do." *Harvard Business Review*, 68: 103-11.

Kreps, D. (1990). "Corporate Culture and Economic Theory." In J. Alt and K. Shepsle (eds.), *Perspectives on Positive Political Economy*. Cambridge: Cambridge University Press, 90–143.

Lang, L. H. P., and Stulz, R. M. (1994). "Tobin's q, Corporate Diversification and Firm Performance." *Journal of Political Economy*, 102: 1248–80.

Lazear, E. (2000). "Performance Pay and Productivity." *American Economic Review*, 90: 1346–61.

——, and Rosen, S. (1981). "Rank-Order Tournaments as Optimum Labor Contracts." *Journal of Political Economy*, 89: 841–64.

Levin, J. (2003). "Relational Incentive Contracts." *American Economic Review*, 93: 835–57.

Levinthal, D. A. (1997). "Adaptation on Rugged Landscapes." *Management Science*, 43: 934–50.

Lichtenberg, F. (1992). "Industrial De-Diversification and its Consequences for Productivity." *Journal of Economic Behavior and Organization*, 18: 427–38.

Lins, K., and Servaes, H. (1999). "International Evidence on the Value of Corporate Diversification." *Journal of Finance*, 54: 2215–40.

McMillan, J. (1995). "Reorganizing Vertical Supply Relationships." In H. Siebert (ed.), *Trends in Business Organization: Do Participation and Cooperation Increase Competitiveness?* Tübingen: J. C. B. Mohr, 203–22.

—— (2002). *Reinventing the Bazaar: The Natural History of Markets*. New York: W. W. Norton & Company.

——, and Woodruff, C. (1999a). "Dispute Prevention Without Courts in Vietnam." *Journal of Law, Economics, and Organization*, 15: 637–58.

—— —— (1999b). "Interfirm Relationships and Informal Credit in Vietnam." *Quarterly Journal of Economics*, 114: 1285–320.

March, J. (1991). "Exploration and Exploitation in Organizational Learning." *Organization Science*, 2: 71–87.

参考文献

Masten, S. E. (1984). "The Organization of Production: Evidence from the Aerospace Industry." *Journal of Law and Economics*, 27: 403 – 17.

──, Meehan, J. W., and Snyder, E. A. (1989). "Vertical Integration in the US Auto Industry: A Note on the Influence of Transactions Specific Assets." *Journal of Economic Behavior and Organization*, 12: 265 – 73.

Matsusaka, J. (1993). "Takeover Motives During the Conglomerate Merger Wave." *RAND Journal of Economics*, 24: 357 – 79.

Meyer, M., Milgrom, P., and Roberts, J. (1992). "Organizational Prospects, Influence Costs and Ownership Changes." *Journal of Economics and Management Strategy*, 1: 9 – 36.

Milgrom, P., and Roberts, J. (1988a). "Communication and Inventories as Substitutes in Organizing Production." *Scandinavian Journal of Economics*, 90: 275 – 89.

────── (1988b). "An Economic Approach to Influence Activities in Organizations." *American Journal of Sociology*, 94 Suppl.: S154 – 79.

────── (1990a). "Bargaining Costs, Influence Costs and the Organization of Economic Activity." In J. Alt and K. Shepsle (eds.), *Perspectives on Positive Political Economy*. Cambridge: Cambridge University Press, 57 – 89.

────── (1990b). "The Economics of Modern Manufacturing: Technology, Strategy and Organization." *American Economic Review*, 80: 511 –28.

────── (1990c). "The Efficiency of Equity in Organizational Decision Processes." *American Economic Review: Papers and Proceedings*, 80: 154 – 9.

────── (1992). *Economics, Organization and Management*. Englewood Cliffs, NJ: Prentice Hall, 1992.

Milgrom, P., and Roberts, J. (1993). "Johnson Controls, Inc., Automotive Systems Group: Georgetown, Kentucky Plant." Stanford, CA:

Stanford University Graduate School of Business, case S - BE - 9.

────── (1994). "Complementarities and Systems: Understanding Japanese Economic Organization." *Estudios Economicos*, 9: 3 - 42.

────── (1995). "Complementarities and Fit: Strategy, Structure and Organizational Change in Manufacturing." *Journal of Accounting and Economics*, 19: 179 - 208.

────── (1998). "The Internal Politics of the Firm." In S. Bowles, M. Franzini, and U. Pagano (eds.), *The Politics of Exchange and the Economics of Power*. London: Routledge, 46 - 62.

Monteverde, K., and Teece, D. (1982). "Supplier Switching Cost and Vertical Integration in the U. S. Automobile Industry." *Bell Journal of Economics*, 13: 206 - 13.

Montgomery, C. A., and Wernerfelt, B. (1988). "Diversification, Ricardian Rents and Tobin's q." *RAND Journal of Economics*, 19: 623 - 32.

Myerson. R., and Satterthwaite, M. (1983). "Efficient Mechanisms for Bilateral Trading." *Journal of Economic Theory*, 29: 265 - 81.

Nagar, V. (2002). "Delegation and Incentive Compensation." *Accounting Review*, 77: 379 - 95.

Newman, P. C. (1985). *Company of Adventurers*, Vol. I. Markham, ON: Penguin.

────── (1987). *Company of Adventurers*, Vol. II: *Caesars of the Wilderness*. Markham, ON: Penguin.

────── (1991). *Company of Adventurers*, Vol. III: *Merchant Princes*. Markham, ON: Penguin.

Nickerson, J. (2003). "Being Efficiently Fickle: A Dynamic Theory of Organizational Choice." *Organization Science*, 13: 547 - 66.

Ohno, T. (1988). *Toyota Production System: Beyond Large-Scale Production*. Cambridge, MA: Productivity Press.

O'Reilly III, C. (1998). "Cisco Systems: The Acquisition of Technology is the Acquisition of People." Stanford, CA: Stanford University Graduate School of Business, case S - HR - 10.

Oyer, P. (1998). "Fiscal Year Ends and Nonlinear Incentive Contracts: The Effect on Business Seasonality." *Quarterly Journal of Economics*, 113: 149 – 85.

Pearson, A., and Hurstak, J. (1992). "Johnson and Johnson: Hospital Services." Boston: Harvard University Graduate School of Business Administration, case 9 – 392 – 050.

Pfeffer, J. (1996). *Competitive Advantage Through People: Unleashing the Power of the Work Force*. Boston: Harvard Business School Press.

Porter, M. (1980). *Competitive Strategy: Techniques For Analyzing Industries And Competitors*. New York: Free Press.

—— (1985). *Competitive Advantage: Creating And Sustaining Superior Performance*. New York: Free Press.

Prendergast, C. (1999). "The Provision of Incentives in Firms." *Journal of Economic Literature*, 37: 7 – 63.

—— (2000). "What Trade-off of Risk and Incentives?" *American Economic Review: Papers and Proceedings*, 90: 421 – 5.

Rajan, R., Servaes, H., and Zingales, L. (2000). "The Cost of Diversity: The Diversification Discount and Inefficient Investment." *Journal of Finance*, 60: 35 – 80.

——, and Wulf, J. (2002). "The Flattening Firm: Evidence from Panel Data on the Changing Nature of Corporate Hierarchies." Philadelphia: University of Pennsylvania Wharton School of Finance, working paper.

——, and Zingales, L. G. (1998). "Power in a Theory of the Firm." *Quarterly Journal of Economics*, 113: 387 – 432.

Roberts, J. (1998). "Value Maximization." In P. Newman (ed.), *The New Palgrave Dictionary of Economics and the Law*, vol. 3. London: Macmillan Reference.

——, and Van den Steen, E. (2001). "Human Capital and Corporate Governance." In J. Schwalbach (ed.), *Corporate Governance: A Volume in Honor of Horst Albach*. Berlin: Springer Verlag, 128 – 44.

Rotemberg, J., and Saloner, G. (1994). "The Benefits of Narrow Business Strategies." *American Economic Review*, 84: 1330 - 49.

—— —— (2000). "Visionaries, Managers and Strategic Direction." *RAND Journal of Economics*, 31: 693 - 716.

Roy, D. (1952). "Quota Restriction and Goldbricking in a Machine Shop." *American Journal of Sociology*, 57: 427 - 42.

Ruigrok, W., Pettigrew, A., Peck, S., and Whittington, R. (1999). "Corporate Restructuring and New Forms of Organizing: Evidence from Europe." *Management International Review*, 39 (Special Issue): 41 - 64.

Saioner, G., Shepard, A., and Podolny, J. (2001). *Strategic Management*. New York: John Wiley & Sons.

Schaefer, S. (1988). "Influence Costs, Structural Inertia and Organizational Change." *Journal of Economics and Management Strategy*, 7: 237 - 63.

Scharfstein, D. (1998). "The Dark Side of Internal Capital Markets II: Evidence from Diversified Conglomerates." Cambridge, MA: National Bureau of Economic Research, working paper 6352.

——, and Stein, J. (2000). "The Dark Side of Internal Capital Markets: Divisional Rent-Seeking and Inefficient Investment." *Journal of Finance*, 55: 2537 - 64.

Shin, H. -H., and Stultz, R. (1998). "Are Internal Capital Markets Efficient?" *Quarterly Journal of Economics*, 112: 531 - 52.

Simon, H. (1951). "A Formal Theory of the Employment Relationship." *Econometrica*, 19: 293 - 305.

—— (1991). "Organizations and Markets." *Journal of Economic Perspectives*, 5: 25 - 44.

Smith, A. (1776/1937). In E. Canaan (ed.), *An Inquiry into the Nature and Causes of the Wealth of Nations*. New York: The Modern Library.

Spence, A. M. (1973). "Job Market Signaling." *Quarterly Journal of Economics*, 87: 355 - 74.

Spraakman, G. P. (2002). "A Critique of Milgrom and Roberts' Treatment of Incentives vs. Bureaucratic Controls in the British North American Fur Trade." *Journal of Management Accounting Research*, 14: 135–52.

Stevenson, H., Martinez, J., and Jarillo, J. C. (1989). "Benetton S. p. A." Boston: Harvard University Graduate School of Business Administration, case 9-38-074.

Vance, R., Bhambri, A., and Wilson, J. (1980). "IBM Corp.: The Bubble-Memory Incident." Boston: Harvard University Graduate School of Business Administration, case 9-180-042.

Van den Steen, E. (2002). "Organizational Beliefs and ManagerialVision." Cambridge, MA: Massachusetts Institute of Technology Sloan School of Management, working paper.

Villalonga, B. (2002a). "Diversification Cost or Premium? New Evidence from BITS Establishment-Level Data." Boston: Harvard University Graduate School of Business Administration, working paper.

—— (2002b). "Does Diversification Cause the 'Diversification Discount'?" Boston: Harvard University Graduate School of Business Administration, working paper.

Whang, S., and de Verdier, A.-K. (1998). "Nike: Global Supply Chain." Stanford, CA: Stanford University Graduate School of Business, case S-IB-14D.

Whinston, M. (2003). "On the Transaction Cost Determinants of Vertical Integration." *Journal of Law, Economics, and Organization*, 19: 1–23.

Whittington, R., Pettigrew, A., Peck, S., Fenton, E., and Conyon, M. (1999). "Change and Complementarities in the New Competitive Landscape: A European Panel Study, 1992–1996." *Organization Science*, 10: 583–600.

Williamson, O. (1975). *Markets and Hierarchies: Analysis and Antitrust Implications*. New York: Free Press.

—— (1985). *The Economic Institutions of Capitalism*. New York: Free Press.

Womack, J. P., Jones, D. T., and Roos, D. (1990). *The Machine that Changed the World*. New York: Harper Perennial.

The Modern Firm by John Roberts
Copyright © Donald John Roberts 2004
Simplified Chinese version © 2012 by China Renmin University Press.
All Rights Reserved.

The Modern Firm was originally published in English in 2004. This translation is published by arrangement with Oxford University Press and is for sale in the Mainland (part) of the People's Republic of China only.

《现代企业》英文版2004年出版。简体中文版由牛津大学出版社授权中国人民大学出版社出版，仅限中国大陆地区销售发行。

图书在版编目（CIP）数据

现代企业：基于绩效与增长的组织设计/罗伯茨著；马志英译 .—北京：中国人民大学出版社，2012.12
（当代世界学术名著）
ISBN 978-7-300-16607-0

Ⅰ.①现… Ⅱ.①罗… ②马… Ⅲ.①企业管理 Ⅳ.①F270

中国版本图书馆 CIP 数据核字（2012）第 284022 号

当代世界学术名著
现代企业：基于绩效与增长的组织设计
约翰·罗伯茨 著
马志英 译
Xiandai Qiye：Jiyu Jixiao yu Zengzhang de Zuzhi Sheji

出版发行	中国人民大学出版社		
社　址	北京中关村大街 31 号	邮政编码	100080
电　话	010-62511242（总编室）	010-62511398（质管部）	
	010-82501766（邮购部）	010-62514148（门市部）	
	010-62515195（发行公司）	010-62515275（盗版举报）	
网　址	http://www.crup.com.cn		
	http://www.ttrnet.com（人大教研网）		
经　销	新华书店		
印　刷	北京东君印刷有限公司		
规　格	155 mm×235 mm　16 开本	版　次	2012 年 12 月第 1 版
印　张	12　插页 2	印　次	2012 年 12 月第 1 次印刷
字　数	185 000	定　价	48.00 元

版权所有　侵权必究　　印装差错　负责调换